Roland König
Leitfaden barrierefreier Wohnungsbau

D1662283

Dieses Buch widme ich
meinem Sohn Benjamin.
Roland König

Meine Söhne Alexander und Benjamin

Roland König

Leitfaden barrierefreier Wohnungsbau

Von der Theorie zur Praxis

3., durchgesehene und erweiterte Auflage

Fraunhofer IRB Verlag

Bibliografische Information Der Deutschen Bibliothek
Die Deutsche Bibliothek verzeichnet diese Publikation in der
Deutschen Nationalbibliografie; detaillierte bibliografische
Daten sind im Internet über
<http://dnb.ddb.de> abrufbar.
ISBN 978-3-8167-8612-2

Lektorat: Sigune Meister, Susanne Jakubowski
Layout und Herstellung: Andrea Schlaich, Dietmar Zimmermann
Umschlaggestaltung: Martin Kjer
Titelfoto mit freundlicher Genehmigung von DAS HAUS / Reiner Blunck
Satz: Fotosatz Buck, Kumhausen
Druck: Tutte Druckerei GmbH, Salzweg bei Passau

Für den Druck des Buches wurde chlor- und säurefreies Papier verwendet

© Fraunhofer IRB Verlag, 2012
Fraunhofer-Informationszentrum Raum und Bau IRB
Postfach 80 04 69, 70504 Stuttgart
Telefon (07 11) 970-25 00
Telefax (07 11) 970-25 99
E-Mail: irb@irb.fraunhofer.de
http://www.IRBbuch.de

Autor

Roland König, Jahrgang 1952, ist als Bauingenieur auf dem Gebiet des barrierefreien Bauens tätig.

Er ist verheiratet, hat zwei Kinder, Alexander und Benjamin. Benjamin ist seit seiner Geburt 1979 schwerstmehrfach behindert.

Durch die in den letzten Jahren persönlich gewonnenen Erfahrungen aus der Umsetzung konkreter Projekte im öffentlichen und privaten Bereich widmet sich der Autor in besonderem Maße den Belangen und der Entwicklung von **Qualitätsstandards und -merkmalen des barrierefreien Bauens** und erklärt dies zu einem seiner persönlichen Ziele.

Roland König

Zur Lösung dieser selbst gestellten Aufgabe gründete er im Sommer 1998 ein Zentrum für barrierefreies Planen und Bauen in einem ehemaligen Forsthaus in Immenhausen. Dort können sich Bauherren, Planer, Handwerker und sonstige Interessierte austauschen.

1999 erfolgte durch die Industrie und Handelskammer Kassel die Bestellung zum öffentlich bestellten und vereidigten Sachverständigen für barrierefreies Planen und Bauen für die Sachgebiete

- Bauleitplanung
- Wohnungs- und Siedlungsbau
- Bautechnik
- Straßenbau
- Straßenverkehrstechnik.

Die Tätigkeit als Gutachter stellt einen wesentlichen Schwerpunkt seiner Arbeit dar.

Im Spannungsfeld zwischen überzogener Normengläubigkeit und übergroßer Vorsicht bei der Umsetzung von durchdachten und bewährten Konstruktionen soll hier ein vernünftiger Mittelweg zu praxisgerechten Lösungen für das barrierefreie Bauen aufgezeigt werden. Im Mittelpunkt stehen die Erfahrungen, die der Autor in seiner Tätigkeit als Sachverständiger gesammelt hat.

Seit 2004 ist er als ordentliches Mitglied im DIN NA 005-01-11AA »Barrierefreies Bauen« und als Mitglied des NA 005-01-11-01 AK Öffentlicher Verkehrs- und Freiraum zur Erstellung der DIN 18070 vertreten. Seine Wahl in den Bundesvorstand Selbsthilfe Körperbehinderter erfolgte im Herbst 2010.

Dank

Ganz besonders möchte ich meiner Ehefrau Claudia für die Mitarbeit bei der Überarbeitung des Leitfadens danken. Den vielen anderen - hier nicht Genannten, die zum Gelingen dieses überarbeiteten Leitfadens ihren Beitrag geleistet haben und freundlicherweise ihre Zustimmung zur Übernahme der Schaubilder u.Ä. gegeben haben, danke ich ebenfalls herzlich.

Holzhausen im September 2011
Roland König

Inhaltsverzeichnis

■ Planung

● Bauliche Ausführung

▲ Nutzung und Gestaltung

Vorwort

Der Leitfaden erscheint in seiner dritten Auflage. Das Anliegen bewährt sich, nämlich überzuleiten von der erlebten Wirklichkeit zur Theorie und von dieser zur Praxis.

Barrierefrei zu bauen ist immer wichtiger geworden, das ganze Gebiet hat sich rasant weiter entwickelt, sodass dieser Leitfaden überarbeitet und erweitert werden musste. Herr König schöpft seine umfangreichen Erfahrungen aus vielerlei Quellen: Jedes Mitglied seiner Familie ist älter geworden, so auch sein schwer und mehrfach behinderter Sohn. Neben seiner hauptamtlichen Tätigkeit ist er ehrenamtlich vielseitig aktiv in verschiedenen Institutionen auf den unterschiedlichsten Ebenen. Er hat die Gabe, Menschen für die Barrierefreiheit zu sensibilisieren, Interessen zu verknüpfen, um dann gemeinsam zu handeln. So führt er zum Beispiel Vertreter der unterschiedlichsten Interessenverbände auf dem Gebiet der Barrierefreiheit zusammen, mit denen aus Politik, Wissenschaft, Verwaltung, Industrie und Handwerk. Für seinen unermüdlichen Einsatz hat ihn der Bundespräsident mit dem Verdienstorden der Bundesrepublik Deutschland geehrt.

An den zugrunde gelegten DIN-Normen und deren Erläuterungen arbeitet er maßgeblich mit.

Das Thema der Barrierefreiheit ist im internationalen Bereich der UN Behinderten-Konvention aufgegriffen worden, die sich dem Ziel der »Inclusion« verpflichtet hat.

Modernste Technologie eröffnet neuartige Möglichkeiten für die Bemühungen um Barrierefreiheit: Mittels Radio-Frequency-Identification, kurz RFID, können Orientierungssysteme aufgebaut werden, deren vielseitige Anwendungen sich gerade erst in den Anfängen befinden. Der Autor hat als Ideengeber für das Zusammenarbeiten der Forschung auf der Ebene der Europäischen Gemeinschaft mit interessierten Vertretern der Anwendung dieser Technologie gewirkt, die sich nicht allein für den öffentlichen Raum eignet. Damit besitzt er den Mut, über die eigenen Grenzen und die seines Fachgebiets hinauszugehen und Neues zu entwickeln.

Die dritte Auflage des Leitfadens stellt neben dem bislang Bewährten auch den zurzeit letzten Stand der Entwicklung in klarer Form dar, ohne die Bodenhaftung zu verlieren. Aus den oft schwerwiegenden, immer vielgestaltigen Erfahrungen einzelner Menschen und deren Gruppierungen, sowie den Fachkundigen, ist ein Leitfaden geworden, der ganz praktisch in die Zukunft weist. Das Wesentliche des Arbeitens auf diesem Gebiet liegt darin, die Bedürfnisse und Fähigkeiten aller Beteiligten zu beachten, um in respektvollem Zusammenwirken vorhandene Barrieren zu beseitigen und andere von vornherein zu vermeiden. Was kann nicht alles besser gemacht werden! Dies Buch leitet dazu an.

Dr. med. K.-P. Herberg

»Es kommt nicht darauf an, die Zukunft vorauszusagen,
sondern darauf, auf die Zukunft vorbereitet zu sein.«
Perikles (495-429 v. Chr.)

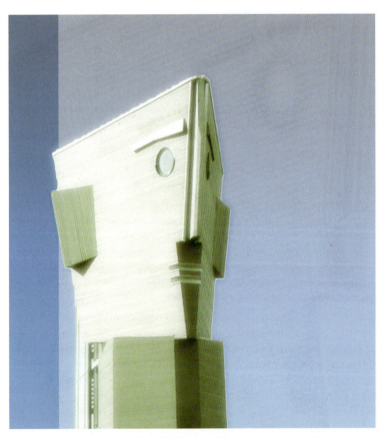

›Dem abstrakten Begriff »Barrierefrei« ein Gesicht geben‹
»Die Denkwerkstatt – der größte Holzkopf der Welt«
Bildnachweis: Baufritz, Erkheim / Allgäu
Grafische Bearbeitung: Hermann-Ulf Kölsch

1   Einleitung

Die Wohnung ist für viele Menschen der Ort, an den sie emotional am stärksten gebunden sind. Sie ist der Lebensmittelpunkt, von dem aus alle Aktivitäten gestartet werden und zu dem jederzeit eine Rückkehr möglich ist. Die auf das Wohnen bezogenen Grundbedürfnisse nach Sicherheit, Schutz, Geborgenheit, Kontakt, Kommunikation und Selbstdarstellung sind allen Menschen gemeinsam.

»Barrierefreies Bauen« - in der Umsetzung eines gesellschaftlichen und gesellschaftspolitischen Auftrages - stellt angesichts der unterschiedlichsten Bedürfnisse - hohe Anforderungen an die am Bau beteiligten »Akteure«. Die Rahmenbedingungen durch den Gesetzgeber sind (Stichwort: Inklusion) vorgegeben.

Inklusion
»gelebte Normailität«

Deutschland wird wie die meisten anderen Industrienationen mit Prozessen einer zunehmenden Alterung bei gleichzeitiger Abnahme der Bevölkerung konfrontiert. Die zunehmende Alterung der Bevölkerung stellt neue Anforderungen an die Umweltgestaltung in allen Bereichen - von der Planung und Gestaltung von Gebäuden und Infrastrukturen, über das Design von Produkten, Informations- und Kommunikationssystemen, bis hin zur Konzeption von Dienstleistungs- und Serviceangeboten.

Bevölkerungsstruktur

Aufgrund der demographischen Veränderungen in unserer Gesellschaft nehmen insbesondere die Wohnformen des betreuten- bzw. seniorengerechten Wohnens erheblich zu.

Damit ist die Barrierefreiheit zu einer existenziellen Aufgabe insbesondere für den öffentlichen Wohnungsbau geworden.

Mit der Neuausgabe der DIN 18040 und der Beschreibung von allgemeinen Schutzzielen wurden die Grundlagen für praxisnahe Ausführungsvarianten bezogen auf Funktion und Aktivität - spezifischer Bewegungs- oder Handlungsabläufe verlorengegangener Fähigkeiten - geschaffen.

Schutzziele

Durch diese Beschreibung, die auch auf andere Weise als in der Norm festgelegt erfüllt werden kann (Öffnungsklausel), lässt der Normentext einen Handlungsspielraum insbesondere für die Belange von Menschen mit sensorischen Einschränkungen unter Berücsichtigung der Konzeption des Zwei-Sinne-Prinzips zu (gleichzeitige Vermittlung von Informationen für bzw. durch mindestens zwei Sinne). Beispielsweise wird neben der visuellen Wahrnehmung (Sehen) auch die taktile (Fühlen, Tasten z. B. mit Händen, Füßen) oder auditive (Hören) Wahrnehmung genutzt.

Zwei-Sinne-Prinzip

Merkmale der Barrierefreiheit

Grundsätzlich ergeben sich im Zusammenhang mit Barrierefreiheit folgende Fragestellungen:

- Ist eine sichere Zugänglichkeit (horizontal/vertikal) des Gebäudes, bzw. der Wohneinheit für alle relevanten Nutzer (Bewohner/Besucher) möglich?
- Wurde innerhalb des Entscheidungsrahmens der Regelwerke die im Hinblick auf die Funktionalität optimale Gestaltung gewählt?

Öffnungsklausel   Diesbezüglich könnte eine Doppelstrategie unter Einbeziehung der Öffnungsklausel (vgl. Anwendungsbereich der neuen DIN 18040) einen pragmatischen Lösungsansatz darstellen:

»Barrierefreie Planung im öffentlichen Wohnungsbau ist ein absolutes Muss«. Aus der persönlichen Sichtweise des Autors muss der Wohnungsbau bezogen auf die demografische Entwicklung von vornherein ohne besondere Erschwernis barrierefrei im Sinne eines

- **Universal Design (for all)**

ausgelegt werden.

Der barrierefreie private Wohnbau dagegen ist anpassbar zu planen, damit bei Bedarf eine Wohnung mit geringem Kostenaufwand im Sinne eines

- **Adaptive Design (for you)**

Wohnwertmerkmal   umorganisiert werden kann. Dies als zusätzliches Wohnwertmerkmal (neben z. B. einer energiesparenden Ausstattung), das bei der Wohnungssuche als Auswahlmerkmal an Bedeutung gewinnt.

Barrierefreiheit beruht damit auf dem Gedanken gleicher Nutzungsmöglichkeiten für alle in allen Lebensbereichen, der Idee, das »Barrierefreie Design«[1] zu etablieren und damit der abstrakten Begrifflichkeit nachhaltig ein *markantes und damit prägendes Gesicht* - abstrahiert durch Planung und Ausführung des größten Holzkopfes der Welt dargestellt - zu geben.

»Barrierefreies Design« - auch Universal Design genannt -
Das Barrierefreie Design (Idee aus Amerika) propagiert eine Formgebung und Umweltgestaltung, die für jedermann nutzbar ist, einen hohen Komfortstandard etabliert und sich im hohen Maße in die Umgebung integriert. Beim Universellen Design geht es eben nicht um standardisierte Lösungen »für alle Fälle«, sondern um eine Abwägung dessen, was für den Einzelnen im Detail die beste Lösung ist. Es gilt, die Fähigkeiten des Nutzers aus-

---

1   Viktor Papanek, Designer und Lehrer, der 1998 verstarb, ist ursächlich verantwortlich dafür, dass barrierefreie Kriterien für das Design zum Thema wurden.

zuschöpfen, damit er so viel wie möglich selbst schaffen kann – auch im Sinne des körperlichen Trainings.

Dabei geht es nicht darum, ob die Forderung nach Barrierefreiheit (durch das Schicksal einzelner Menschen verursachten), gesellschaftlichen Mehraufwand verursacht, sondern um das Verstehen, dass Barrierefreiheit allen zugute kommt und nichts weiter als die Verhinderung/Beseitigung von Hindernissen bedeutet, die viele Menschen überhaupt erst zu »Behinderten« werden lassen.

Im Folgenden sind die Zielvorgaben des Barrierefreien Designs denen der DIN 18040 gegenübergestellt:

Zielvorgaben	
Barrierefreies Design (Universal Design)	**DIN 18040**
Maximale Effizienz bei der Nutzung von Produkten, Bauelementen und der gebauten Umgebung	weitestgehende Unabhängigkeit, Selbstständigkeit und Selbstbestimmung
keine standardisierten Lösungen für alle Fälle; Zielgruppe alle Menschen	insbesondere Berücksichtigung der Bedürfnisse von Menschen mit einer Behinderung
keine bzw. geringe Zusatzkosten	
Integrativer und generationenübergreifender Gestaltungsansatz	
Förderung kreativer und wirtschaftlicher Aktivitäten	

Kostengesichtspunkte werden dabei unter dem Aspekt der Nachhaltigkeit betrachtet. Nach diesem Modell können auch die Leitgedanken der baulichen Planung gegenübergestellt werden:

Planungsgrundsätze	
Barrierefreies Design (Universal Design)	**DIN 18040**
Gleichberechtigte Nutzung	Uneingeschränkte Zugänglichkeit
Einfache und intuitive Nutzung	Zwei-Sinne Prinzip
Mass Toleranzen	Vorgaben von Schutzziel
Komfortable Bedienung	Bewegungsfläche und Greifraum
Bewegungsfläche u. Bewegungsraum	

Die Gegenüberstellungen der Zielvorgaben bzw. der Planungsgrundsätze zeigen auf, dass man von ähnlichen Ansätzen ausgeht.

Deutlich ist aber feststellbar, dass die DIN 18040 sich nur mit den physiologischen Aspekten befasst, während das Barrierefreie Design (Universal Design) auch soziale, psychologische und kognitive Aspekte (u.a. Erinnerungsvermögen) mit berücksichtigt und die Idee der Ganzheitlichkeit und Nachhaltigkeit die Grundlage darstellt

Wohnvorstellungen

Welcher Bauherr, der sich im Alter von 30 bis 40 Jahren den Traum vom Eigenheim oder der Eigentumswohnung erfüllt, denkt schon daran, vorausschauend für jede Lebenslage seine Wohnvorstellungen unter Zugrundelegung barrierefreier Qualitätsstandards, wie z. B. **der Wahrnehmung, Orientierung, Erreichbarkeit und Nutzbarkeit** bei der Planung zu berücksichtigen?

Wohnung = Spiegel des indivoduellen Lebensstils

Wohnungen sind der Spiegel der Lebensstile, wobei von einer zunehmenden Individualisierung im Lebenszyklus des Menschen auszugehen ist.

Probewohnen - barrierefrei - im EXPO-Haus möglich

Abb. 1-1: EXPO Häuser in Hannover Kronsberg

Mehrkosten

Der Hinweis auf zu erwartende Mehrkosten beim barrierefreien Bauen ist ein beliebtes Argument und führt leider häufig dazu, dass Barrierefreiheit verhindert wird. Dabei wird übersehen, dass eine pauschale Aussage über entstehende Kosten, wie in anderen Bereichen auch, nicht möglich ist, sondern der gewünschte umzusetzende Standard zu betrachten ist.

Bei näherer Betrachtung der angeblichen Mehrkosten relativieren sich diese. Zum Beispiel erfordert die Innen- und Außenraumgestaltung für

Menschen mit einer Sehbehinderung lediglich eine abgestimmte Auswahl der verwendeten Materialien.

Barrierefreies Bauen und Wohnen ist also weder Utopie noch unbezahlbarer Luxus. Es ist lediglich eine Einstellungsfrage, starre schematische Vorstellungen vom Wohnen zu durchbrechen und Barrieren in den Köpfen aller abzubauen.

Barrierefreie Gestaltung

Barrierefreie Gestaltung steht für ein umfangreiches Dienstleistungsangebot des Innen- und Außenbereichs einer Wohnung und wird den Bedürfnissen aller Familienmitglieder in den verschiedenen Lebensphasen gerecht. Zum Beispiel schafft ein neutraler Grundriss mit gleichartigen Räumen ohne Hierarchie Umzugsmöglichkeiten im eigenen Haus. Die Bewohner können die Räume bei Bedarf untereinander tauschen, umgruppieren oder bei veränderter Nutzung, z. B. in einen Telearbeitsplatz umwandeln.

Mit dem erforderlichen Wissen und der inneren Überzeugung bzw. Einstellung, dass integrative, universelle, barrierefreie Stadt-, Gebäude- und Produktentwicklung notwendig ist und allen dient, sind die Hürden in unseren Köpfen zu beseitigen.

Barrierefreiheit als System

In diesem Denkansatz spielt Barrierefreiheit als System eine zentrale Rolle in der Architektur. **Barrierefrei denken und handeln beginnt im Kopf.**

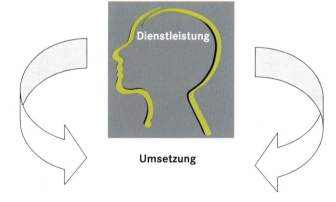

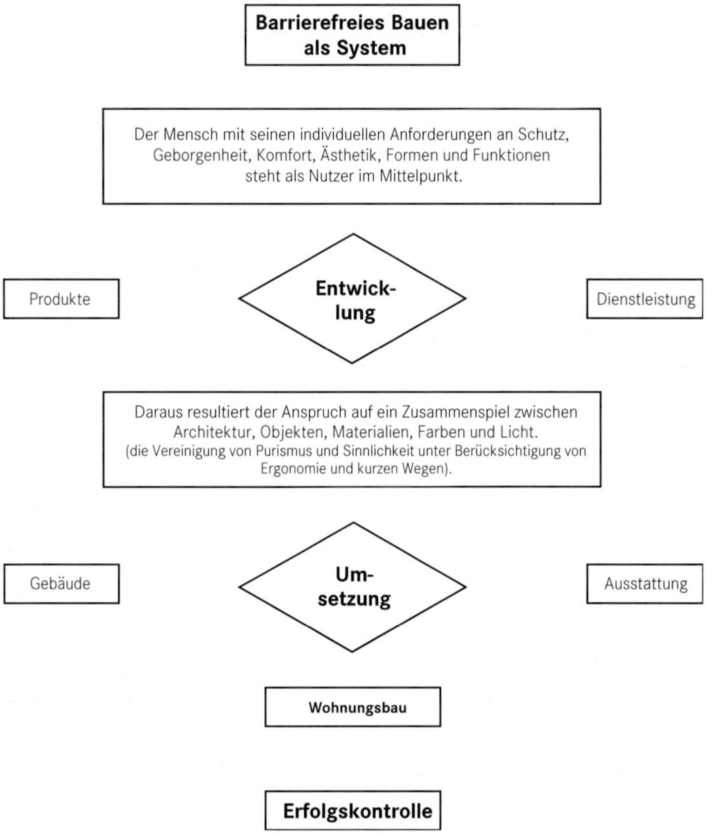

Barrierefreies Bauen
als System

Der Mensch mit seinen individuellen Anforderungen an Schutz,
Geborgenheit, Komfort, Ästhetik, Formen und Funktionen
steht als Nutzer im Mittelpunkt.

Produkte

Entwick-
lung

Dienstleistung

Daraus resultiert der Anspruch auf ein Zusammenspiel zwischen
Architektur, Objekten, Materialien, Farben und Licht.
(die Vereinigung von Purismus und Sinnlichkeit unter Berücksichtigung von
Ergonomie und kurzen Wegen).

Gebäude

Um-
setzung

Ausstattung

Wohnungsbau

Erfolgskontrolle

Abb. 1-2: Übersicht – Barrierefreiheit als System mit interdisziplinärem Ansatz

Zielsetzung   Ziel des *barrierefreien Bauens* ist es, Barrierefreiheit, d. h. komfortable Nutzbarkeit und Zugänglichkeit für alle, durch ganzheitliche Konzepte, die keinen ausschließen, zu schaffen.

Ziel, bzw. die Intention dieses *Leitfadens* ist es, durch das Aufzeigen beispielhafter, gestalterisch anspruchsvoller, kostenneutraler Maßnahmen im Wohnungsbau die Akzeptanz von barrierefreien Anlagen zu verbessern und Barrierefreiheit als selbstverständliches Wohnwertmerkmal der Zukunft herauszustellen.

Die fünf Eckpunkte des barrierefreien Planens und Bauens

Der Schwerpunkt der Betrachtungen und Erläuterungen zum barrierefreien Planen und Bauen wird in diesem Leitfaden auf folgende Eckpunkte gelegt:

- **stufenlose Erschließung** der Wohnung
- **niveaugleiche Türschwellen** zwischen Wohnung und Terrasse / Loggia und Balkon
- Ausführung eines **barrierefreien Bades**
- Grundrissdarstellung mit eingetragenen Möblierungselementen (**Möblierungsplan**)
- **akustische und taktile Orientierung** von der öffentlichen Verkehrsfläche bis zum Gebäudezugang.

Die Eckpunkte geben die wesentlichen Merkmale des barrierefreien Bauens wieder und zeigen auf, dass Nutzung und Gestaltung keinen Widerspruch darstellen.

Eckpunkte

Eckpunkt 1: Stufenlose Erschließung

In den Ausführungen werden Beispiele zur stufenlosen Erschließung gezeigt, die durchaus als Alternative zu Treppen (Repräsentation) im äußeren Erschließungsbereich zur Bewältigung von Niveauunterschieden eingesetzt werden können. Grundsätzlich sollten bauliche Lösungen einer technischen Lösung vorgezogen werden.

Eckpunkt 2: Niveaugleiche Türschwellen

Schwellen sind aufgrund der heutigen Technik Relikte, die der Vergangenheit angehören sollten. Luftdichtheit und der Schutz gegen Feuchtigkeit können durch den Einbau von unterschiedlich auf dem Markt angebotenen und bewährten Produkten bzw. Konstruktionen erreicht werden.

Eckpunkt 3: Barrierefreies Bad

Mit dem Einbau von bodengleichen Duschen steht und fällt das Ziel, einen einheitlichen Standard für barrierefreies Bauen im gesamten Wohnungsbau zu realisieren.

Die bodengleiche Dusche wird von einigen Investoren abgelehnt, da sie angeblich (noch) nicht den mehrheitlichen deutschen Wohngewohnheiten entspricht. Die Regel ist immer noch die Duschtasse oder die Badewanne mit einer Duschvorrichtung.

Eckpunkt 4: Möblierungsplan

Zu viele Möbel in der Wohnung verstellen wertvollen Bewegungsraum. Bei geschickter Möblierung, wie am Beispiel Schlafen im Kapitel 5.1.4 aufgezeigt, kann der Flächenbedarf geringer ausfallen.

Küche und Bad sind durch die Lage der Anschlüsse und Ausstattungsgegenstände definiert.

Der Einsatz mobiler Möbel z. B. offene Regaleinheiten, (Orts-Wech-
selfälle leicht gemacht) lässt eine »Doppelnutzung« der Stell- und Bewegungsflächen zu.

Werden diese Kriterien bei der Planung berücksichtigt, können sie zur
Verringerung der Baukosten beitragen.

Abb. 1-3: Schwellenloser Ausgang zur Terrasse, mobile Möbel, Parkett als Bodenbelag
(entnommen aus: Das Haus, 2001)

Eckpunkt 5: Taktile und akustische Orientierung

Die Darstellung beruht auf der Ausführung von im Boden eingelassener
Funkchips als Funkpfad von der öffentlichen Verkehrsfläche aus bis zum
Gebäudezugang. Diese Ausführung könnte eine mögliche Alternative
bzw. Ergänzung zu tastbaren Bodenelementen darstellen und wird nicht
wie diese als störend und hinderlich von anderen Personengruppen empfunden.

Leitfaden barrierefreier Wohnungsbau

Bauen mit Komfort

Ziel einer vorausschauenden Planung ist es, die Wohnung so zu gestalten, dass Menschen mit und ohne Handicap selbständig und komfortabel
darin leben können und nicht »behindert« werden.

Ein weiteres Ziel ist es, barrierefreie Anforderungen zu formulieren und
im Planungsalltag zu verankern.

Daher sind die Kenntnis und Berücksichtigung der menschlichen Maße und Bewegungsabläufe unabdingbare Voraussetzung für die Gestaltung einer barrierefreien baulichen Umwelt.

Dieser Leitfaden stellt das Thema »Barrierefreiheit für alle« als Schwerpunkt heraus, wobei RollstuhlbenutzerInnen nicht, wie in sonstigen Publikationen, in den Mittelpunkt gerückt werden. Das Berücksichtigen der subjektiven Sichtweisen aller Personengruppen und die gewonnenen Erfahrungen des Autors aus seiner ehrenamtlichen Tätigkeit in verschiedenen Vereinen und Verbänden lieferten wertvolle Erkenntnisse für diesen Entscheidungsprozess.

Der Leitfaden wendet sich über die Fachwelt hinaus an ein breites Publikum und soll den abstrakten Begriff »barrierefrei« und die Notwendigkeit dieser Bauweise aufzeigen.

2   Aufbau und Struktur

Das Thema »Barrierefreies Bauen und Wohnen« wird in einer Vielzahl von Fachbüchern, im Internet und in Zeitschriftenaufsätzen unter dem Gesichtspunkt der Nutzung und Gestaltung diskutiert und analysiert.

Der Schwerpunkt dieses Leitfadens ist auf die barrierefreie Baupraxis gelegt. Erreicht wird das u. a. durch das Aufzeigen von beispielhaften Ausschreibungen ausgewählter Bau- und Ausstattungsteile verschiedener Gewerke[2].

Der Leitfaden gliedert sich wie folgt:

Im Teil 1 – Planung (Kapitel 5) werden die Grundlagen für barrierefreies Planen und Bauen unter den Gesichtspunkten der in der Einleitung aufgeführten Eckpunkte erläutert und mit Zeichnungen, Grafiken und Fotos illustriert.

Teil 1: Planung

Bei der Überarbeitung dieses Leitfadens werden neuen Entwicklungen und Erfahrungen, die in Fachregelwerken und weiteren Veröffentlichungen ihren Niederschlag finden, insbesondere die Neuerscheinung der DIN 18040 Barrierefreies Bauen (Kapitel 4) berücksichtigt.

Der Teil 2 – Bauliche Ausführung (Kapitel 6) bietet nach Gewerken gegliederte Informationen zur Baupraxis.

Teil 2: Bauliche Ausführung

In einer Leistungsbeschreibung mit Vorbemerkung wird mit maßgebenden Einzelheiten angegeben, wie und in welcher Qualität die Bauelemente zu erstellen sind. Die Beispiele beziehen sich auf vier konkrete Baumaßnahmen, welche in Teil 3 näher erläutert werden.

Dies gewährleistet einen höchstmöglichen Qualitätsstandard der zu erbringenden Leistungen und verdeutlicht, dass eine Vielzahl von praxisgerechten Konstruktionen zur Lösung barrierefreier Anforderungen zur Verfügung stehen.

Im Teil 3 – Nutzung und Gestaltung (Kapitel 7) werden Erkenntnisse aus den vorangegangenen Kapiteln an Beispielen umgesetzter Baumaßnahmen aufgezeigt.

Teil 3: Nutzung und Gestaltung

---

2   Gewerk ist die Bezeichnung für unterschiedliche Leistungsbereiche am Bau, zum Beispiel Zimmerer-, Maurer- und Klempnerarbeiten.

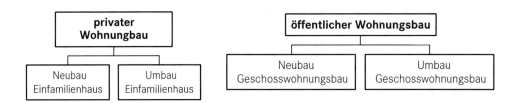

Vier Beispiele verdeutlichen, dass Nutzung und Gestaltung im barrierefreien Wohnungsbau keinen Widerspruch darstellen müssen. Darstellung von Bewegungsabläufen mit Personen vervollständigen die Erläuterungen.

Die Beispiele lassen sich aber nicht unreflektiert auf andere Situationen oder andere Einzelfälle übertragen. Der Planer und Anwender kann und soll nicht davon entbunden werden, unter Einsatz seiner Kenntnisse eigenständig und kreativ vorzugehen gemäss dem Motto:

»Schöpferische Anwendung der eigenen Fähigkeiten ist besser als unüberlegte Anwendung der Richtlinien.«

Stellungnahmen zum Thema »Barrierefrei Bauen« — Den Schluss des Leitfadens bilden Stellungnahmen von Menschen unterschiedlicher Personen- und Berufsgruppen zum Thema »Barrierefrei Bauen«.

3 Barrierefreiheit im Wohnungsbau des 20. Jahrhunderts

Nach dem ersten Weltkrieg bestand ein erheblicher Mangel an Wohnraum. Die Leitvorstellung des Wohnungsbaues bestand im Schaffen von Kleinwohnungen für mehr selbständige Haushalte.

Leitvorstellung der 20er Jahre:
Kleinwohnung für mehr selbständige Haushalte

Gleichzeitig fanden im Wohnungsbau der 20er Jahre Forderungen nach Funktionalität und Rationalisierung, aber auch neue Erkenntnisse der Hygiene Eingang. Bedürfnisse älterer Menschen oder Kriegsversehrter fanden dagegen im Wohnungsbau keine ausdrückliche Berücksichtigung. Anforderungen dieser Menschen wurden nur von der Hilfsmittelindustrie erfüllt.

In den Diskussionen um die Architekturentwicklung in den 20er Jahren (Bauhaus u.a.) wurde der Grundstock für spätere Reformationen im Wohnungsbau der 60er und 70er Jahre gelegt.

Die Hauptaufgabe nach dem zweiten Weltkrieg bestand im Wiederaufbau der zerstörten Wohnungen und im Schaffen neuen Wohnraums.

Leitvorstellung der 50er Jahre:
Rationalisierung und Funktionalität

Das Hauptaugenmerk lag bei der Planung auf der Rationalisierung, der Optimierung und den Kosten. Es galt, in kurzer Zeit mit wenigen Mitteln bewohnbaren Raum zu schaffen. Nach dem zweiten Weltkrieg wurden Wohngebäude fast ausschließlich nach rationellen und funktionellen Überlegungen entworfen. Dabei orientierte sich besonders der soziale Wohnungsbau nach Vorgaben der Wohnungsbaugesetzgebung in den 50er Jahren am Leitbild des familiengerechten Wohnens (Siedlungshäuser).

Jedem Raum innerhalb der Wohnung wurde eine ganz bestimmte Nutzung zugewiesen und die Anordnung der Räume erfolgte nach rationellen Gesichtspunkten.

Den funktionellen Grundrissen lagen die aus dem Jahre 1951 stammenden Normen – DIN 18010 »Raummaße für den sozialen Wohnungsbau« und DIN 18011 – die bis zu Beginn der 90er Jahre die Bau- und Entwurfstätigkeit im Wohnungsbau beeinflussten, zugrunde.

Ihre Angaben waren sehr weitreichend und ließen kaum Platz für Variationen.

Das Wohnzimmer wurde mit einer Größe von 15-20 m², das Elternschlafzimmer mit 8-15 m², das Kinderzimmer mit bis zu 10 m² ausgelegt und für genau diese und keine andere Funktion bestimmt.

Weiterhin wurde beispielsweise die Anordnung der Steckdosen in den Schlafräumen festgelegt und somit auch die Stellung des Bettes im Raum. Diese fehlende Flexibilität schränkte die Barrierefreiheit ein.

Leitvorstellung 70er Jahre:
Großsiedlungen, Flexibilität

Die Aufgaben der 70er Jahre erstreckten sich auf das Schaffen von bezahlbarem Wohnraum. Forderungen nach Rationalisierung führten zum Entstehen von Großsiedlungen mit einem hohen Grad an Wiederholungen.

Im Vergleich zu Wohnungen aus den 50er Jahren boten diese Wohnungen einen höheren Ausstattungsstandard und waren größer.

Erfahrungen der ersten Nachkriegsgeneration (um 1940 geboren) mit der Art des Wohnungsbaues aus den 50ern und mit dem Wohnen in großzügigen Altbauten der Gründerzeit führten zu Forderungen nach gleichen Raumgrößen und nach funktionsneutralen Räumen in einer Wohnung.

Das Umsetzen dieser Forderungen erlaubte eine variablere Nutzung der Räume. Der »flexible Grundriss« war das Thema Ende der 60er und in den 70er Jahren.

Es wurde nach Bausystemen gesucht, welche die Flexibilität einer Wohnung herstellen, z. B. bewegliche Wände oder Leichtwände.

Die Idee vom flexiblen Grundriss erfüllt auch eine Grundforderung einer barrierefreien Wohnung.

Um Anforderungsänderungen aus Nutzungs- und Nutzerwechseln begegnen zu können, empfiehlt es sich, Wohn- und Schlafräume so ähnlich zu planen, dass ein Funktionstausch innerhalb der Wohnung problemlos möglich ist.

DIN 18025

Anforderungen an das barrierefreie Bauen wurden erstmals 1974 für Architekten und Ingenieure in Form der DIN 18025 Teil 1 und Teil 2 »Wohnungen für Schwerbehinderte« formuliert.

DIN 18024

Ergänzt wurde die DIN 18025 1974/76 durch die DIN 18024 Teil 1 und Teil 2 »Bauliche Maßnahmen für Behinderte und alte Menschen im öffentlichen Bereich«.

Die unterschiedlichen Planungsmaßstäbe wurden als »behindertengerecht« und »behindertenfreundlich« umschrieben.

Der Begriff
»barrierefrei«

Im Jahr 1987 bildete sich der Ausschuss zur Überarbeitung dieser Normen. Er setzte sich aus Personen mit unterschiedlichen Mobilitätseinschränkungen, Medizinern und Architekten zusammen. Es wurde beschlossen, Begriffe, wie »behindertengerecht« oder »behindertenfreundlich« gegen das wertfreie Wort »barrierefrei« auszutauschen, ein Begriff, der international Anerkennung gefunden hat.

Im Dezember 1992 wurden die beiden Blätter der DIN 18025 »Barrierefreies Wohnen« veröffentlicht. Von diesem Zeitpunkt an verschwanden schlagartig in der Fachsprache die Begriffe »rollstuhlgerecht«, »behindertengerecht« und »behindertenfreundlich« und wurden durch das Wort »barrierefrei« ersetzt. Im Jahr 1972 war dieser Begriff erstmals auf dem Weltkongress der Rehabilitation in Tel Aviv aufgetaucht. Mitte der 80er Jahre brachte Professor Dieter Philippen (Institut T.L.P. Traben-Trarbach) den Begriff in die Deutsche Normungsarbeit ein.

Heute hat er auch im Städte- und Wohnungsbau weltweit Verbreitung gefunden.

In Hessen wurde in § 2 Abs. 7 der Hessischen Bauordnung (HBO) in der Fassung vom 18. Juni 2002, die allgemeine Definition des Begriffes »Barrierefreiheit« aufgenommen, um die Bedeutung des barrierefreien Bauens zu unterstreichen. Die Normen 18024 und 18025 wurden als Technische Baubestimmungen in die Landesbauordnungen mehrerer Bundesländer eingeführt. *Landesbauordnungen*

DIN 18024 Teil 1   Barrierefreies Bauen, Straßen, Plätze, Wege, öffentliche Verkehrs- und Grünanlagen sowie Spielplätze, Planungsgrundlagen; als Technische Baubestimmung eingeführt mit Erlass vom 15. Januar 2002 (StAnz. S. 520)

DIN 18024 Teil 2   Barrierefreies Bauen, Öffentlich zugängige Gebäude und Arbeitsstätten, Planungsgrundlagen; als Technische Baubestimmung eingeführt mit Erlass vom 29. August 1997 (StAnz. S. 3429)

DIN 18025 Teil 1   Barrierefreie Wohnungen, Wohnungen für Rollstuhlbenutzer, Planungsgrundlagen; als Technische Baubestimmung eingeführt mit Erlass vom 21. Februar 1994 (StAnz. S. 840)

DIN 18025 Teil 2   Barrierefreie Wohnungen, Planungsgrundlagen; als Technische Baubestimmung eingeführt mit Erlass vom 21. Februar 1994 (StAnz. S. 840)

Von einem ausgewiesenen Expertenteam wurden die bestehenden Baunormen, DIN 18024 und DIN 18025 über einen langen Zeitraum nach dem gescheiterten DIN Entwurf 18030[3] überarbeitet und zu einem Werk

DIN 18040-1   Barrierefreies Bauen, Planungsgrundlagen; Öffentlich zugängliche Gebäude

DIN 18040-2   Barrierefreies Bauen, Planungsgrundlagen; Wohnungen

zusammengefasst.

---

3 Der Normenentwurf wurde 2007 zurückgenommen.

Gegenüber der DIN 18024-2 wurden bezogen auf die DIN 18040-1 folgende Änderungen bzw. Ergänzungen vorgenommen:

- Arbeitsstätten, Beherbergungsstätten sind nicht mehr Bestandteil der Normen,
- komplett neue Gliederung der Norm,
- sensorische Anforderungen (Sehen, Hören, Tasten) neu aufgenommen,
- Schutzziele festgelegt,
- die meisten Grundanforderungen unverändert (wie z. B. Bewegungsflächen),
- Vorgabe fester Maße teilweise durch Maßbereiche ersetzt.

Im Vergleich zu 18025-1 und 18025-2 wurde die DIN 18040-2 wie folgt überarbeitet:

- komplette neue Gliederung der Norm,
- sensorische Anforderungen (Sehen, Hören, Tasten) neu aufgenommen,
- Schutzziele festgelegt,
- Anforderungen für Rollstuhlnutzer / Innen gesondert gekennzeichnet,
- die meisten Grundanforderungen unverändert (wie z. B. Bewegungsflächen),
- Vorgabe fester Maße teilweise durch Maßbereiche ersetzt.

Hinweis: Zum Zeitpunkt der Drucklegung ist die Einführung der DIN 18040 als technische Baubestimmung nach Kenntnisstand des Autors noch nicht erfolgt. Die Einführung obliegt den einzelnen Bundesländern, hier existiert kein »Automatismus«.

Die Verweise auf die DIN 18025 in den einzelnen Kapiteln werden durch den Hinweis

»ersetzt durch DIN 18040 T2« bzw. 18040 T2 [R]

ergänzt.

DIN 18070E   Für die Verkehrs- und Außenanlagen befindet sich die DIN 18070 mit dem Arbeitstitel »Öffentlicher Verkehrs- und Freiraum« in der Aufstellung. Bis zu deren Veröffentlichung gilt DIN 18024-1:1998-01 weiter.

4 Rechtliche Grundlagen, Regelwerke und Normen

Die Entwicklungen in Gesetzgebung, Forschung und Praxis bringen viele neue Gesichtspunkte in die Diskussion um das barrierefreie Bauen ein.

Gesetzliche Grundlagen auf Bundesebene

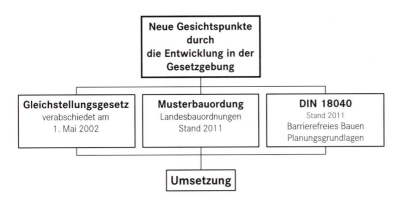

Mehrere Gesetze und Verordnungen bilden die rechtlichen Rahmenbedingungen zur Umsetzung der Ziele und Anforderungen für das barrierefreie Bauen:

Rahmenbedingungen

- **Grundgesetz** Artikel 3 Absatz 3: »Niemand darf wegen seiner Behinderung benachteiligt werden.« (Ergänzung im Jahre 1994)
- **Sozialgesetzbuch Neuntes Buch (SGB IX)** – Rehabilitation und Teilhabe behinderter Menschen vom 19. Juni 2001
- **Gesetz zur Gleichstellung behinderter Menschen (BGG)**, am 01.05.2002 verabschiedet.

Gesetz zur Gleichstellung behinderter Menschen
Behindertengleichstellungsgesetz – BGG
seit 1. Mai 2002 in Kraft

Auszug: Behindertengleichstellungsgesetz
Abschnitt 1 Allgemeine Bestimmungen

§ 1 Gesetzesziel
Ziel dieses Gesetzes ist es, die Benachteiligung von behinderten Menschen zu beseitigen und zu verhindern sowie die gleichberechtigte Teilhabe von behinderten Menschen am Leben in der Gesellschaft zu gewährleisten und ihnen eine selbstbestimmte Lebensführung zu ermöglichen. Dabei wird besonderen Bedürfnissen Rechnung getragen.

§ 4 Barrierefreiheit

Barrierefrei sind bauliche und sonstige Anlagen, Verkehrsmittel, technische Gebrauchsgegenstände, Systeme der Informationsverarbeitung, akustische und visuelle Informationsquellen und Kommunikationseinrichtungen sowie andere gestaltete Lebensbereiche, wenn sie für behinderte Menschen in der allgemein üblichen Weise, ohne besondere Erschwernis und grundsätzlich ohne fremde Hilfe zugänglich und nutzbar sind.

Kommentar

Nach Auffassung des Autors bezieht sich die Begriffsbestimmung »Barrierefreiheit« nicht ausschließlich auf Menschen mit Behinderung, wie in § 4 des BGG formuliert, sondern schließt alle Personengruppen unserer Gesellschaft mit ein.

- Entwurf des »Gesetzes zur Verhinderung von Diskriminierungen im Zivilrecht **(Antidiskriminierungsgesetz)**
- **Baugesetzbuch (BauGB)** in der Fassung der Bekanntmachung vom 27. August 1997, geändert durch das Gesetz vom 15. Dezember 1997:

Bauleitpläne

»(5) Die Bauleitpläne sollen eine nachhaltige städtebauliche Entwicklung und eine dem Wohl der Allgemeinheit entsprechende sozialgerechte Bodennutzung gewährleisten und dazu beitragen, eine menschenwürdige Umwelt zu sichern und die natürlichen Lebensgrundlagen zu schützen und zu entwickeln.«

Musterbauordnung

- **Musterbauordnung (MBO)** (Fassung 2011)

In der Regel bestimmt §3 der jeweiligen Landesbauordnung (LbauO/LBO), dass bei Bauvorhaben die als Technische Baubestimmungen eingeführten technischen Regeln zu beachten bzw. einzuhalten sind. Eine Ausnahme bildet Niedersachsen, wo eine entsprechende Regelung in §96 Abs. 2 LbauO zu finden ist.

Zur Vereinheitlichung wesentlicher Vorschriften der Landesbauordnungen hat die Konferenz der Landesbauminister (ARGEBAU) eine Musterbauordnung (MBO) herausgegeben. Die Musterbauordnung ist für die Länder jedoch nicht verbindlich, und so finden sich in den einzelnen Landesbauordnungen bezüglich der Anforderungen des barrierefreien Bauens unterschiedliche Vorschriften.

Technische Regelwerke

Grundlage für die Planung sind in erster Linie die **Technischen Regelwerke**. Ihre in der Praxis erprobten Inhalte sind vernünftig anzuwenden, Abwägungsspielräume problemgerecht auszuschöpfen und obligatorische Grenzwerte nur dann zu unter- oder überschreiten, wenn dies begründet werden kann und es gelingt, die damit verbundenen Risiken gleichwertig zu kompensieren.

Für alle technischen Regelwerke gilt, dass ihre Anwendung letztlich im Rahmen des pflichtgemäßen Ermessens unter Abwägung aller berührten Belange im Einzelfall zu entscheiden ist.

Die Regeln der (Bau-)Technik sind in zahlreichen Vorschriften ohne Gesetzescharakter niedergeschrieben. Solche Regelwerke sind beispielsweise:

- **DIN-Normen** des Deutschen Instituts für Normung e.V.
- **VDI-Richtlinien** des Vereins Deutscher Ingenieure
- **VDE-Bestimmungen** des Verbands Deutscher Elektrotechniker
- **ETB** Einheitlich technische Bestimmungen der Baugenehmigungsbehörden.

DIN-Normen werden verbindlich durch Bezugnahme, z. B. in einem Vertrag zwischen privaten Parteien oder in Gesetzen und Verordnungen.

»DIN-Normen sind nicht die einzige, sondern eine Erkenntnisquelle für technisch ordnungsgemäßes Verhalten im Regelfall. Durch das Anwenden von Normen entzieht sich niemand der Verantwortung für eigenes Handeln. Jeder handelt insoweit auf eigene Gefahr.« (Heft direkt 54, Bundesministerium für Verkehr und Wohnungsbau/DIN Deutsches Institut für Normung e.V., 2002)

4.1 DIN 18040, Barrierefreies Bauen, ein neues technisches Regelwerk

Neue technische Standards vereinbart

»DIN Normen sind das Ergebnis eines Status«. Um Innovationen zu fördern, soll Normung funktionsbezogen sein. Festlegungen hinsichtlich technischer Lösungen in Form von Schutzzielbeschreibungen stehen im Vordergrund. Dabei müssen die kompensatorische Aspekte im Sinne einer assistiven Technik zur Förderung vorhandener Fähigkeiten bzw. Erleichterung von Wahrnehmung und Orientierung z. B.

- übersichtlich gestalteter Grundriss
- Vermeidung von langen, verwinkelten Korridoren
- Erkennbarkeit der Funktion von Räumen

auch im Sinne eines Universal Designs (vgl. Kapitel 1) keinen Zielkonflikt darstellen. Sie nennt konkrete Handlungsempfehlungen, zeigt aber weiteren Handlungsbedarf auf, da die Entwicklung und damit die Anforderungen stetig fortschreiten. Die Schutzzielbeschreibungen sind somit als Öffnungsklausel zu verstehen, bei richtiger Anwendung ist diese Norm daher »zeitlos« und nicht bezogen auf den Stand der Technik morgen überholt.

Die bisher wichtigsten Planungsgrundlagen zum barrierefreien Planen und Bauen stellen seit Anfang der 90er Jahren die geltenden DIN Normen 18024 und DIN 18025 dar.

Es wurde aber nicht zuletzt von Betroffenen und Planern vermehrt die Frage aufgeworfen, inwieweit diese Normen, die vorrangig für gehbehinderte Menschen und RollstuhlnutzerInnen ausgelegt sind, verstärkt auch auf die Bedürfnisse Seh- oder Hörbehinderter auszulegen sind. Dies findet insbesondere im so genannten Zwei-Sinne-Prinzip

• eine Sehbehinderung kann beispielsweise durch Tasten oder Hören kompensiert werden

seinen Ausdruck.

Performance Konzept   Die Neuausgabe der DIN 18040 (vgl. Übersicht aktueller/zukünftiger Stand) beruht weitgehend auf dem so genannten **Performance-Konzept**[4]. Darunter ist ein neues Normungskonzept zu verstehen, das es dem

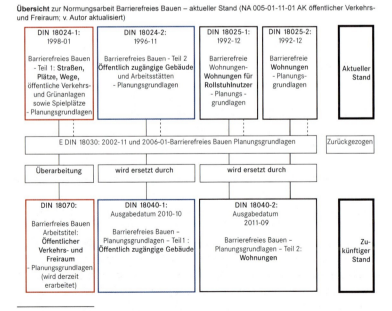

Übersicht zur Normungsarbeit Barrierefreies Bauen – aktueller Stand (NA 005-01-11-01 AK öffentlicher Verkehrs- und Freiraum; v. Autor aktualisiert)

---

4   bau intern März/April 2009

Anwender überlässt, wie und mit welchen Mitteln er die Anforderungen erfüllen kann. Technische Festlegungen sind vorzugsweise in Form von Schutzzielbeschreibungen mit wesentlich quantifizierteren Leistungsanforderungen als bisher üblich mit dem Aufzeigen von Beispiellösungen formuliert.

Beispiel für Sanitärräume:

Schutzziel

Waschplätze müssen so gestaltet sein, dass eine Nutzung auch im Sitzen möglich ist.

Für einen Rollstuhlnutzer wird dies erreicht:

a) mit einer Vorderkantenhöhe des Waschtisches von 80 cm,
b) bei einer Unterfahrbarkeit von mindestens 55 cm und einem Abstand der Armatur zum vorderen Rand des Waschtisches von höchstens 40 cm,
c) mit einem Beinfreiraum unter dem Waschtisch mit einer Breite von mindestens 90 cm (axial gemessen),
d) mit einem mindestens 100 cm hohen Spiegel, der unmittelbar über dem Waschtisch angeordnet ist.

Anmerkung zu d): das Schutzziel ist alternativ durch eine Kippspiegelgarnitur in einer Größe von ca. 60 x 50 cm gegeben.

Die DIN 18040

- Teil 1 Öffentlich zugängliche Gebäude
- Teil 2 Wohnungen

zeichnet sich gegenüber den bisherigen Normen bzw. Normentwürfen (E DIN 18030 2007 zurückgezogen) durch eine anwenderfreundlichere und flexible Struktur aus.

Spezielle Anforderungen für eine uneingeschränkte Rollstuhlnutzung der Wohnung werden separat hervorgehoben und mit dem Zusatz [R] als wesentliches Unterscheidungsmerkmal in der Norm gekennzeichnet.

Anforderungen an Arbeitsstätten sind nicht mehr Bestandteil der Norm. Diese werden künftig in den sogenannten Technischen Regeln für Arbeitsstätten (ASR) eingearbeitet werden. Ebenso erstreckt sich der Anwendungsbereich nicht mehr – wie früher in DIN 18024-2 – auf Beherbergungsstätten.

Die Grundanforderungen der bisherigen DIN-Normen für Menschen mit motorischen Einschränkungen, dazu gehören insbesondere die

- stufenlose bzw. schwellenlose Erschließung-,
- die ausreichende Dimensionierung von Bewegungsflächen-,
- Rampen und Türen sowie die
- ergonomisch günstige Positionierung von Bedienelementen

und Ausstattungen bezogen auf Funktion und Aktivität werden als Stand der Technik übernommen.

4.1.1 Hinweise in der praktischen Anwendung

Die vorliegende Norm versucht, den besonderen Bedürfnissen von Menschen mit unterschiedlichen Handicaps gerecht zu werden.

Bezüglich der Praxistauglichkeit, Rechtssicherheit (»gerichtsfest«) und allgemeinen Anforderungen auf Mindeststandardniveau lässt der Normentext für den Anwender einen Interpretationsspielraum für alternative Lösungen zu: – *»Die mit den Anforderungen nach dieser Norm verfolgten Schutzziele können auch auf anderer Weise als in der Norm festgelegt erfüllt werden«.*

Zur Vermeidung von späteren Streitigkeiten setzt dies aber voraus, die tatsächlich der Planung zugrunde liegende Norm bzw. deren Normteile bezogen auf die Infrastruktur (Teil 4) bzw. wohnungsbauspezifischen Parameter (Teil 5) explizit zu benennen und schriftlich eindeutige Festlegungen insbesondere zu den Schutzzielbeschreibungen vertraglich zu vereinbaren.

Insbesondere trifft dies zu, wenn die Wohnanlage, einschließlich deren Außenanlagen bzw. die Wohnung für eine **uneingeschränkte Rollstuhlnutzung** DIN 18040 T2 **[R]** als wesentliches Unterscheidungsmerkmal zu einer

- **barrierefrei nutzbaren Wohnung** DIN 18040 T2

gestaltet werden soll.

Zur besseren Illustration der v.g. technischen Regelungen für die meist sehr unterschiedlichen Einzelanforderungen, wird dies als Ausführungshinweis für den Individualbereich Bad (Duschbereich) aufgezeigt.

- Dieser Ausführungshinweis ist nicht als konkrete Vorgabe, sondern als Anregung für den Planungs- bzw. Ausführungsprozess zu verstehen -

»Duschplätze können so gestaltet sein, dass sie barrierefrei z. B. auch mit einem Rollator bzw. Rollstuhl **nutzbar** bzw. **uneingeschränkt** **nutzbar [R]** sind. Wenn der Übergang zum Duschplatz bodengleich gestaltet ist, kann die Fläche des Duschplatzes in die Bewegungsfläche des Sanitärraumes einbezogen werden (vgl. Abb. 5-80-1).«

Unabhängig von bauordnungsrechtlichen Anforderungen ist, bezogen auf das »geschuldete Gewerk«, eine privatrechtliche Vereinbarung empfehlenswert, die die zugesicherten Eigenschaften zulässt. Zum Beispiel bei einer Miet- oder Kaufsache nach dem

Ausführungshinweis
»geschuldete Gewerk«

- Eckpunkt 3:
  Barrierefreies Bad
(vgl. Kapitel 6.3.1/6.3.2

Planungs-/ Ausführungsfall 1,

der eine *barrierefrei und uneingeschränkte Rollstuhlnutzung* (mit einem **R** kenntlich gemacht) zulässt (vgl. Abb. 4.1),

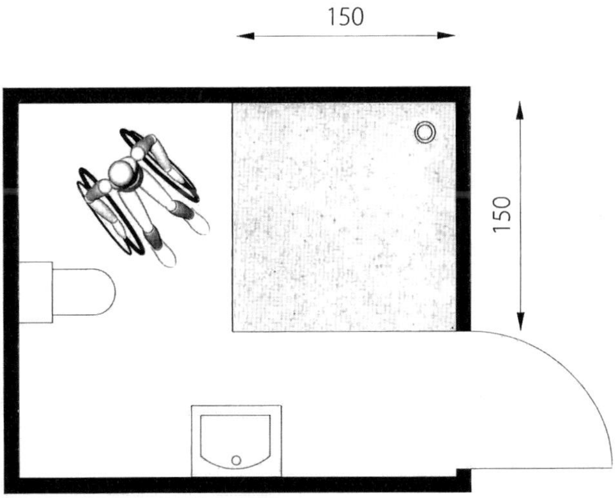

Abb. 4.1: Bodengleiche Duschfläche erfüllt die Anforderungen - barrierefrei und uneingeschränkte Rollstuhlnutzung - (Bildnachweis: 1 ART/TU Berlin, B. Lüdtke)

bzw.

Planungs-/ Ausführungsfall 2,

der eine barrierefreie Nutzbarkeit (auch für Rollator und Rollstuhl) darstellt (vgl. Abb. 4.2) mit dem weiteren Hinweis z. B.: Die Ausstattungen (Sanitärobjekte) sind jedoch wie im Planungs-/Ausführungsfall 1 für eine uneingeschränkte Rollstuhlnutzung **[R]** auszulegen, **empfehlenswert.**

Dies sollte auch in einer Bau- bzw. Leistungsbeschreibung dokumentiert werden.

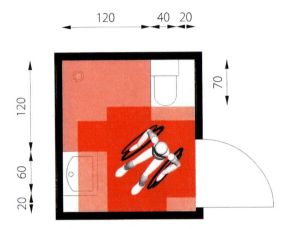

Abb. 4.2: Bodengleiche Duschfläche auch mit einem Rollator bzw. Rollstuhl nutzbar (Bildnachweis: 1ART/TU Berlin, B. Lüdtke)

5 Grundlagen für barrierefreies Planen und Bauen

Allgemeine Planungsmerkmale

Funktionale und attraktive Lösungen

Niemand möchte bei einem Handicap oder im Alter unbequemer leben, sondern im Gegenteil seine Wohnung erst recht so komfortabel wie möglich genießen. Ineinander übergehende Räume, mit einheitlich gestaltetem Fußboden etwa, vermitteln mehr Großzügigkeit und bieten mehr Bewegungsfreiheit.

Handicap

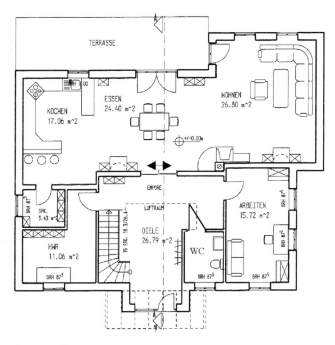

Abb. 5-1: Grundriss mit ineinander übergehenden Räumen

Eine bodenbündige Duschwanne im Badezimmer oder Schränke mit Schiebe- statt Schwingtüren sorgen nicht nur im Alter, sondern auch in jungen Jahren für mehr Sicherheit und Komfort.

Sicherheit und Komfort

Die in der DIN 18040 formulierten Anforderungen haben das Ziel, Grundlagen zu schaffen, die für Architekten und Ingenieure Planungsmerkmale für Bauten enthalten, in denen sich Menschen mit und ohne Behinderung weitgehend ohne fremde Hilfe bewegen können.

Die Ausführung und Ausstattung von Wohnanlagen und Wohngebäuden und deren Außenanlagen berücksichtigt bezogen auf die Infrastruktur grundsätzlich auch die uneingeschränkte Nutzung mit dem Rollstuhl.

Innerhalb der Wohnung wird unterschieden zwischen

- Barrierefrei nutzbaren Wohnungen und
- Barrierefrei und **uneingeschränkt** mit dem Rollstuhl nutzbaren Wohnungen.

Die uneingeschränkte Nutzbarkeit mit dem Rollstuhl bezieht sich auf die geometrischen Anforderungen, die sich aus den zugrunde gelegten maximalen Maß (maximale Breite 70 cm und maximale Länge 120 cm) von Standardrollstühlen ergeben (vgl. 5-1-1).

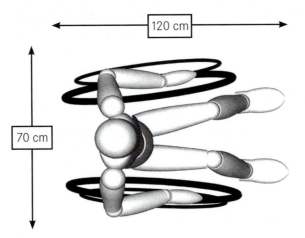

Abb. 5-1-1: Standardrollstuhl (Bildnachweis: 1ART/TU Berlin, B. Lüdtke)

Die zusätzlichen oder weitergehenden Anforderungen an Wohnungen für eine barrierefreie und uneingeschränkte Rollstuhlnutzung sind mit einem [R] kenntlich gemacht.

Kommentar des Autors: hier wird eine eindeutige vertragliche Regelung erforderlich werden um Streitfälle zu vermeiden!!!

Vgl. Kap. 7.2.1
»Partizipations-
verfahren«
Für Eigentumswohnungen und Eigenheime wurde in der logischen Folgerung geregelt, dass die Norm nach dem individuellen Bedarf anzuwenden sei, denn hier können in der Regel Wohnraum und Umfeld entsprechend den persönlichen Fähigkeiten der Bewohner gestaltet werden.

Abb. 5-2: Übergangsbereich zweier Wohngebäude zu den jeweils vorgelagerten Laubengängen.

Für Wohnungen, die nach DIN 18040 Teil 2 geplant werden, eröffnen sich dem Bauherrn zudem zeitliche Spielräume.

Der Ein- oder Anbau eines Personenaufzuges kann zurückgestellt werden, bis tatsächlicher Bedarf besteht. Eine wesentliche Voraussetzung ist jedoch eine präventive Planung des Treppenhauses, die eine Nachrüstung zulässt.

Vgl. Kap. 5.1.1 und 5.1.3

Abb. 5-3: Wohnanlage mit »Mehrspänner«-Erschließung über teilweise offene oder verglaste Laubengänge und Verbindungsbrücken zwischen den Gebäuden. Das Nachrüsten eines Aufzuges ist möglich.

Bauherren sind heute gut beraten, wenn sie alle neu zu bauenden Wohnungen barrierefrei nach DIN 18040 Teil 2 ausführen. Alle neuen Wohnungen, welche die darin festgelegten Grundsätze berücksichtigen, lassen sich in Zukunft ohne Schwierigkeiten auf individuelle Behinderungen hin anpassen, mit Ausnahme der Wohnungen für Rollstuhlbenutzer, für die DIN 18040 Teil 2 [R] gilt.

Die entsprechenden Anforderungen gemäß DIN 18040 Teil 2 u.a. für Freisitz, Balkon, Wände, Brüstungen und Fenster, Bodenbeläge, Beleuchtung und Fernmeldeanlagen lassen sich im Regelfall ohne Schwierigkeiten realisieren.

Eckpunkte

Die in der Einleitung genannten Eckpunkte stellen die wichtigsten Grundlagen für die Gestaltung eines barrierefreien Wohngebäudes dar. Unter Berücksichtigung dieser Eckpunkte entsteht eine Architektur für alle, die sich an die Wohnbedürfnisse aller Bewohner anpassen kann.

Eckpunkte 1 – stufenlose Erschließung, vgl. Kap. 5.1 und 6.1

Die stufenlose Erschließung des Wohngebäudes und der Wohnung stellt die Erreichbarkeit und die Nutzung für alle Bewohner und Besucher sicher. Dabei ist der Hauseingang das zentrale Element eines Gebäudes.

Abb. 5-4: Gebäudeeingang eines Wohngebäudes stufenlos ausgebildet

Eckpunkt 2 – niveaugleiche Türschwellen, vgl. Kap. 5.2 und 6.2

Das Vermeiden von Schwellen und Stufen zwischen Wohnung und Terrasse/Loggia sowie Balkon stellt einen weiteren Komfort des barrierefreien Wohnungsbaus dar. Argumente für die Ausbildung von Schwellen und Stufen infolge von Abdichtung und Isolierung haben mit den heute verfügbaren Materialien und Bautechniken keinen Bestand mehr.

Abb. 5-5: Niveaugleicher Ausgang aus dem Wintergarten zur Freifläche

Die Ausführung des Individualbereichs Bad berührt einen wesentlichen Lebensbereich. Barrierefrei gestaltete Bäder sollen nicht mehr klinisch oder »anders« sondern selbstverständlich ästhetisch und normal funktional sein. Die barrierefreien Funktionalitäten sind nicht stigmatisierend erkennbar, sondern stellen eine Erhöhung des Komfortstandards dar.

Eckpunkt 3 – barrierefreies Bad, vgl. Kap. 5.3 und 6.3

Abb. 5-6: Duschboden mit Duschabtrennung

*Eckpunkt 4 –
Möblierungsplan,
vgl. Kap. 5.4*

Die Darstellung von Grundrissen mit eingetragenen Möblie-rungs-/Ausstattungsgegenständen und Türaufschlagsrichtung verdeutlichen die Beziehung zwischen Stell- und Bewegungsflächen und stellen somit eine Grundlage für die Bemessung der Wohnfläche unter dem Kriterium einer präventiven/flexiblen Planung dar. (Abb. 5-7)

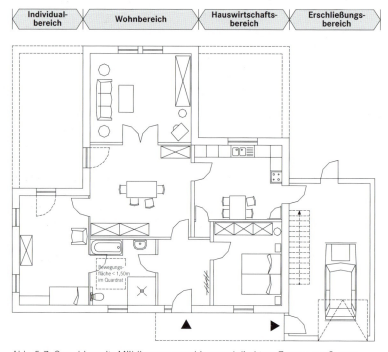

Abb. 5-7: Grundriss mit »Möblierungsvorschlag« und direktem Zugang zur Garage

*Eckpunkte 5 –
Akustische und
taktile Orientierung,
vgl. Kap. 5.5*

Durch die Möglichkeiten der Nutzung von **akustisch und taktil aus-geführten Orientierungssystemen** werden die Rahmenbedingungen - weitgehend ohne fremde Hilfe Weg und Ziel zu finden – wesentlich verbessert.

Abb. 5-7-1: Informationssäule mit Sprachausgabe und Pyramidenschrift (von blinden, sehbehinder-ten und sehenden Menschen gleichermaßen gut lesbar).

5.1 Gebäudeerschließung – Eckpunkt 1

Zur Gebäudeerschließung gehören die Elemente Treppe, Rampe und Aufzug.

Auf die Gestaltung des Hauseingangsbereiches nehmen die Kriterien:

- Topographie
- planungsrechtliche Festsetzungen eines Bebauungsplanes
- Anfall von Niederschlagswasser und
- bauliche Vorgaben unterkellert/nicht unterkellert

großen Einfluss. Im Folgenden werden diese Kriterien an ausgewählten Abbildungen aus der täglichen Planungsarbeit erläutert. Im Anschluss daran befinden sich zwei Beispiele umsichtiger Planung und Ausführung für eine innere und äußere Erschließung.

Bei der Planung eines Gebäudes entscheiden **topographische** Gegebenheiten (u. a. Geländeprofil und Geländehöhen) über die Art der Erschließung. Die nachfolgende Abbildung stellt eine extreme topographische Situation dar, die sich aus der Lage des Gebäudes am Hang ergibt und die nicht so selten ist, wie der Leser vielleicht glauben mag.

Hierbei handelt es sich um eine praktikable und komfortable Lösung des Erschließungsproblems (vgl. Abb. 5-8).

Topographie

41

Abb. 5-8: Ausbildung eines Schrägaufzugs mit seitlich angeordneter Treppe zur Erschließung einer Wohnanlage in bergiger Umgebung als **technische** Erschließungslösung

Ein in den 60er Jahren errichtetes Wohngebäude mit Kellergeschoss wurde über eine Treppe mit sieben Steigungen erschlossen.

Abb. 5-9: Wohngebäude mit Treppe aus Betonfertigteilen

Eine barrierefreie Gestaltungslösung sieht z. B. das Ersetzen der Treppe durch das Errichten von Stufen mit Zwischenpodesten als Verweilflächen unter geschickter Ausnutzung der **Topographie** vor. Diese Lösung kommt den Bedürfnissen u. a. von gehbehinderten Personen zugute. Für eine Rollstuhlbenutzung wäre der Eingangsbereich als Rampe zu gestalten.

Abb. 5-10: Hauseingang mit neugestalteter Treppenanlage und Zwischenpodesten als **bauliche** Erschließungslösung

Bebauungsplan

Die **planungsrechtlichen Festsetzungen** eines Bebauungsplanes legen u.a. die Höhenlage der Gebäude fest und geben somit einen vertikalen Zwangspunkt für ihre Erschließung vor.

Durch heutige Festsetzungen in Bebauungsplänen, z. B. Angaben zur Traufhöhe bezogen auf den gewachsenen Boden und vorgeschriebene Grenzabstände, sind die Gestaltungsmöglichkeiten einer barrierefreien Erschließung verbessert worden, da absolute Angaben zur OKFFB bezogen auf das Erdgeschoss entfallen.

OKFFB = Oberkante fertiger Fußboden

Abb. 5-11: Gebäudeansicht mit Angabe von Gebäudehöhen

Anfall von Niederschlagswasser

Zum Schutz vor **anfallendem Niederschlagswasser** und aus gestalterischen Gesichtspunkten wird der Eingangsbereich im Erdgeschoss in der heute im Wohnungsbau noch üblichen Gebäudeerschließung durch Stufen vom vorhandenen Gelände höhenmäßig abgesetzt (vgl. Abb. 5-12).

Setzstufen
vgl. Abb. 5-39

Vor allem in Ortskernbereichen von Städten und Kommunen sind Wohngebäude durch die Ausbildung von Setzstufen im unmittelbaren Gebäudezugangsbereich zum öffentlichen Verkehrsraum abgesetzt. Das Problem könnte z. B. durch den Einsatz einer flexiblen Rampe (vgl. Kapitel 7, Tab. 7-11) gelöst werden. (Abb. 5-12)

bauliche Vorgaben

Bei Wohngebäuden mit **Unterkellerung** wird der Höhenunterschied zwischen Eingangsbereich und Erdgeschoss häufig mit einer Differenztreppe überwunden (Abb. 5-13). Diese Art der Erschließung stellt für einen Rollstuhlbenutzer ein unüberwindbares Hindernis dar und kann bei Erfordernis nur durch den nachträglichen Einbau technischer Hilfsmittel, z. B. Treppenplattformlift (vgl. Abb. 5-21) ermöglicht werden.

vgl. Abb. 5-32 und 5-38
Rampen im Neubau

Grundsätzlich sind bauliche Lösungen, z. B. Anrampung, zur barrierefreien Erschließung technischen Hilfsmitteln vorzuziehen.

Eine Kombination von baulicher (Treppe) und technischer Erschließungslösung (Aufzug) zeigt die Abb. 5-18 Schloss Gottesaue.

Die Entscheidung für oder gegen einen Keller als bauliche Vorgabe erschwert oder erleichtert die barrierefreie Gestaltung des Erschließungsbereiches eines Wohngebäudes. Bei Nichtunterkellerung kann die

Höhe des Eingangsbereiches dem vorhandenen Geländeverlauf leichter angepasst werden.

Ein zurückgesetzter Eingang mit Überdachung hält Niederschlagswasser aus dem Erschließungsbereich fern.

Abb. 5-12: Hauseingang mit Setzstufe eines sanierten Wohngebäudes

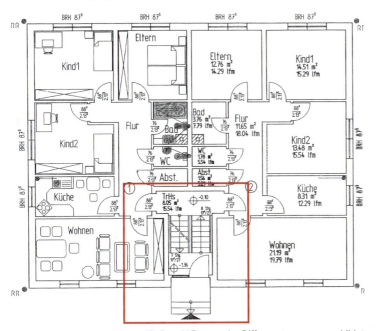

Abb. 5-13: Hauseingang mit zweiläufiger U-Treppe als »Differenztreppe« ausgebildet

Abb. 5-14: Blick von innen auf den barrierefreien Hauseingangsbereich

Umsichtige Planung und Ausführung

Innovative Lösungen an öffentlichen Gebäuden

Die innere und äußere Erschließung öffentlicher Gebäude dient als Denkanstoß für Erschließungslösungen im Wohnungsbau (vgl. Kapitel 8 Stellungnahmen von Menschen unterschiedlicher Personen- und Berufsgruppen zum Thema »Barrierefrei Bauen«). Die beispielhafte Gebäudeerschließung nach Umbau und Erweiterung der Ernst-Barlach-Schule in München (Stiftung Pfennigparade) mit einem »Rampenhaus« wäre mit ihrem innovativen Ansatz auch auf den Geschosswohnungsbau übertragbar. (Abb. 5-15)

Die Rampen verbinden die Stockwerke des mehrgeschossigen Gebäudes untereinander und dienen als Rettungswege, über die sich Rollstuhlnutzer eigenständig im Brandfall retten können [10]. (Abb. 5-16)

Gebäudeerschließung im denkmalgeschützten Bereich

Beim Beispiel der Musikhochschule Schloss Gottesaue wurde der Eingang an der Ostseite des Gebäudes mit einer Kombination aus baulicher und technischer Lösung mit einer Brücke, an deren Ende sich ein Stempelaufzug befindet, und seitlichen Freitreppen erschlossen.

Dieser Lösungsansatz wäre ebenfalls auch im Wohnungsbau denkbar, insbesondere in städtebaulich sensiblen Bereichen der Denkmalpflege, und dokumentiert die Freiheit der möglichen Lösungen. (Abb. 5-18)

Ernst-Barlach-Schule, Real- und Fachoberschule für Körperbehinderte, München

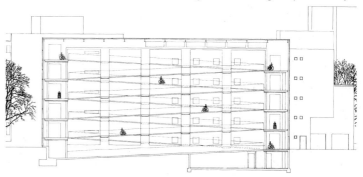

Abb. 5-15: Ernst-Barlach-Schule, Real- und Fachoberschule für Körperbehinderte, München; Längsschnitt durch das Rampengebäude

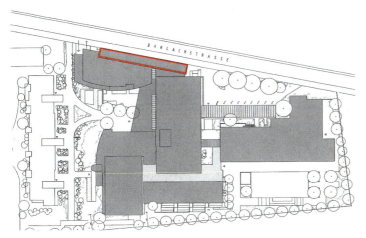

Abb. 5-16: Lageplan der Anlage mit Detailausschnitt des Rampengebäudes

Das Wohnumfeld mit einer funktionierenden wohnungsnahen Infrastruktur und einem umfangreichen barrierefreien Dienstleistungsangebot unter Berücksichtigung des demografischen Wandels, hat für die Identifikation der Bewohnerinnen und Bewohner mit ihrem Stadtteil und ihrer Stadt eine herausgehobene Bedeutung.

Wohnumumfeld mit einem wohnungsnahen barrierefreien Dienstleistungsangebot

Der Umbau und die Sanierung der Kasseler Bank dokumentiert den Wandel der Zeit von 1958 bis zur geplanten Fertigstellung 2013 (vgl. Abb. 5-16-1 und Abb. 5-86-2) für ein barrierefreies Dienstleistungsangebot.

Dabei wird eine Rückbesinnung auf die Beibehaltung der Architektur der 50er-Jahre des denkmalgeschützten Gebäudes unter Berücksichtigung barrierefreier Aspekte angestrebt (vgl. Abb. 5-16-2).

Abb. 5-16-1: Gebäudeansichten im Wandel der Zeit von 1958 bis 2011
(Bildnachweis: Kasseler Bank)

47

Abb. 5-16-2: Frontansichten des ab 2013 fertiggestellten Gebäudes mit einer archi-
tektonisch ansprechenden barrierefreien Erschließung der Kundenhalle (Bildnachweis: Kasseler Bank)

5.1.1 Treppen

Unter einer Treppe wird ein Bauteil verstanden, das aus mindestens drei
aufeinanderfolgenden Stufen besteht. Eine Treppe kann sich auch aus
mehreren Treppenläufen mit dazwischen liegenden Treppenabsätzen
zusammensetzen. (Abb. 5-19)

Die Treppe spielt bei der Planung eines Gebäudes eine wesentliche
Rolle. Sie erschließt bei Bedarf den Hauseingang und unterschiedliche
Ebenen eines Hauses. Die Wahl des Grundrisses und die Lage der Treppe
(meist nicht veränderbar) beeinflussen die Kubatur des Treppenraumes
und dessen Gestaltungsmöglichkeiten.

Treppen kommen in vielfältigen Varianten und Mischkonstruktionen
vor, die sich auf folgende Grundformen zurückführen lassen:

- **Außentreppen** führen zum Gebäude hin.
  Sie werden bei der Gestaltung von Hauseingängen (opulent gestaltete
  Treppen, die zum Hauseingang hinführen, nennt man Freitreppen), als
  Gartenterrassentreppen, Kelleraußentreppen, Balkonabgänge zum
  Garten gebaut. Diese Treppen sind der Witterung ausgesetzt. Deshalb
  muss das Treppenmaterial beständig gegenüber Hitze, Kälte, Frost,
  Nässe und Trockenheit sein. An regnerischen Tagen muss die Treppe
  zusätzlich noch gleit- und rutschfest sein. Diese Anforderungen werden von Betonwerksteintreppen, Natursteintreppen, aber auch von
  Treppen mit Klinkerbelägen erfüllt. Angeboten werden gewaschene,
  feingewaschene, gestrahlte, geflammte und geschliffene **Beläge**. Hol-
  zaußentreppen erfüllen die Anforderungen nur dann, wenn sie mit
  einem ausreichend konstruktiven Holzschutz (d. h. einem Vordach oder
  eigener Überdachung) versehen sind oder rutschfeste Beläge aufweisen.

Abb. 5-17: Gläsernes Rampenhaus statt Treppenhaus, Rampengebäude von außen und innen

Abb. 5-18: Schloss Gottesaue Ostfassade mit Freitreppe und hydraulischem Stempelaufzug

Abb. 5-19: Wohnanlage, Erschließung mit vorgelagerten Podesten, Wahlmöglichkeit Rampe / Treppe

- **Innentreppen** befinden sich im Gebäude. Die jeweiligen Bestimmungen der Landesbauordnung (LBO) unterscheiden bei Innentreppen:

49

vgl. Tab. 5-1
- Baurechtlich **notwendige Treppen** müssen in Anzahl und Größe für den größten zu erwartenden Verkehr und für Rettungseinsätze ausgelegt sein. Treppen im Mehrgeschoss-Wohnungsbau müssen darüber hinaus der DIN-Norm 18065 (Gebäudetreppen) entsprechen.
- Baurechtlich **nicht notwendige Treppen** (d. h. zusätzliche Treppen) dürfen auch ab einer nutzbaren Treppenlaufbreite[5] von mindestens 50 cm gebaut werden, eine Treppenbreite < 1,00 m widerspricht aber dem »barrierefreien Gedanken«.

Tab. 5-1: Mindestanforderungen an Laufbreite und Podestlänge

Gebäudeart	Treppenarten	Laufbreite[5] ≥	Podestlänge ≥
Wohngebäude bis zwei Wohnungen	Treppen zu Aufenthaltsräumen Kellertreppen Bodentreppen	80 cm 80 cm 50 cm	80 cm 80 cm 50 cm
Sonstige Gebäude	Baurechtlich notwendige Treppen	100 cm	100 cm
Alle Gebäude	Baurechtlich nicht notwendige Treppen	50 cm	50 cm

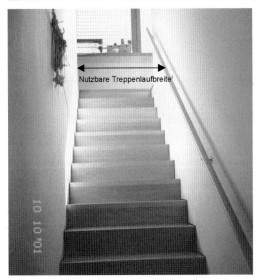

Abb. 5-20: Einläufige Holztreppe mit geradem Treppenlauf gestaltet als Schachttreppe

Bei Bedarf können Treppenlifte als Treppensitzlifte oder Treppenplattformlifte im Treppenraum eingebaut werden. Die nutzbare Treppenlaufbreite sollte mindestens 1,00 m betragen. Treppenlifte dürfen im Notfall zu keiner Beeinträchtigung der Fluchtwege führen

---

5   Die nutzbare Treppenlaufbreite wird in Höhe des Handlaufes zwischen Innenkante Handlauf und Oberfläche Wandputz bzw. zwischen den Innenkanten der Handläufe gemessen. Diese Breite muss nicht gleich der Treppenlaufbreite (Stufenbreite, gemessen in Höhe der Treppenstufen) sein. Nutzbare Breite (Landesbauordnung) = nutzbare Treppenlaufbreite (DIN)

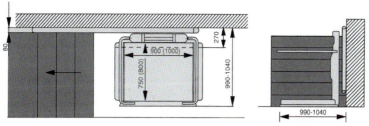

Abb. 5-21: Treppenplattformlift

Flächenvergleich einer geradläufigen Treppe mit unterschiedlichen Anforderungen an den Raumbedarf

Die Art der Ausführung und die erforderlichen Verkehrs- und Bewegungsflächen entscheiden über den benötigten Flächenverbrauch für Treppe und Treppenhaus.

Wie aus der folgenden Tabelle zu ersehen ist, kann man bei gleichem Steigungsverhältnis und damit gleicher Lauflänge sehr unterschiedliche Treppenraumgrößen erzielen, wenn unterschiedliche Bewegungs- und Verkehrsflächen vorgesehen werden.

Für die geradläufige Treppe in einem Wohngebäude (vgl. Kap. 7.2.1) mit drei oder mehr Wohnungen wurde ein Flächenvergleich entsprechend den Anforderungen aus DIN 18065 und DIN 18040 Teil 2 als Beispiel angestellt.

Tab. 5-2: Raumbedarf für Treppen. Vergleich wichtiger Planungsmaße

Geradläufige Treppe	Planungsvorgabe:	Umsetzung:
Hinweis: Eine lichte Durchgangshöhe von ≥ 2,10 m (senkrecht gemessen) ermöglicht bei Bedarf	Treppenanlage nach DIN 18065 vgl. Tab. 5-1 (Treppen in sonstigen Gebäuden)	Podest Treppenlauf Podest ca. 13,3 m² 1,00 / 4,35 (3,65) / 1,00
das Nachrüsten z. B. eines Treppenplattformliftes (vgl. Abb. 5-21)	Treppenanlage nach DIN 18040 Teil 2, 4.3.6.	Podest Treppenlauf Podest ca. 14,6 m² 1,50 / 4,35 (3,65) / 1,50
Empfehlung:	Zu beachten sind die Bewegungsflächen neben Treppenauf- und -abgängen. Der Flächenverbrauch der Treppenanlage erhöht sich von ca. 13,3 m² auf ca. 14,6 m² und ist gegenüber dem Komfortgewinn (mehr Bewegungsfreiheit im Podestbereich beim Begehen der Treppe und Transportieren von Gegenständen) als vertretbar zu bewerten. Auch bei Wohngebäuden bis zwei Wohnungen sollten die Planungsparameter nach DIN 18040 Teil 2 Anwendung finden.	

Planungsparameter für eine barrierefreie Treppe

Treppenarten Geeignete Treppenarten sind: geradläufige, Winkel-, viertel-, halbgewendelte und U-Treppen mit Podest.

Die u-förmige Treppe gilt als Standardtreppe bei Zweispännern (pro Geschoss sind zwei Wohnungen an das Treppenhaus angeschlossen, vgl. Abb.5-13) im Wohnungsbau.

Hinweis:
Die Angabe des Flächen-
bedarfes schließt die
erforderliche Bewegungs-/
Verkehrsfläche mit ein

Bewegungs-/Verkehrs-
fläche

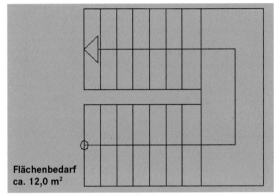

Abb. 5-22: Zweiläufige U-Treppe mit Halbpodest

Gut geeignet für spätere Um die Nachrüstbarkeit für einen Aufzug im Wohnungsneubau zu
Nachrüstung eines Aufzugs gewährleisten, sollte bei der Planung eine entsprechende Treppenanlage
im »Treppenauge« vorgesehen werden. Winkeltreppen bieten z. B. die Möglichkeit, einen
vgl. Kap. 7.1.1 Aufzug im Treppenraum nachzurüsten.

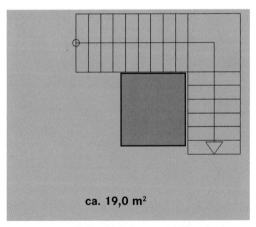

Abb. 5-23: Zweiläufige Winkeltreppe mit Viertelpodest

Ein anderes System eines Weiterhin erlauben Winkeltreppen mit offenen Treppenhäusern bei-
Rettungsweges für Roll- spielsweise die Anordnung einer Notfallrutsche. Auf jeder Etage hat ein
stuhlnutzer stellt das Bei- Rollstuhlbenutzer im Notfall die Möglichkeit, direkt vom Rollstuhl auf die
spiel Ernst-Barlach-Schule Rutsche umzusteigen. Im Erdgeschoss müssen Rollstuhlbenutzer aller-
dar, vgl. Abb. 5-15 und 5-17. dings von Rettungskräften ins Freie getragen werden.

Abb. 5-24: Treppenhaus mit Notfallrutsche

Treppenstufen sind nicht zu unterschneiden, um eine Stolpergefahr oder ein Hängenbleiben des Fußes zu vermeiden. Sie sollen nicht offen, sondern z. B. mit Winkelstufen ausgebildet werden (vgl. Abb. 5-26).   *Treppenstufen*

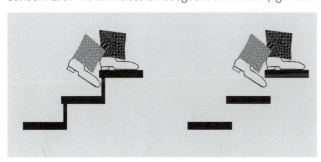

Abb. 5-25: Stufenunterschneidungen sind unzulässig.

Treppen müssen mindestens einen griffsicheren Handlauf haben, der nicht niedriger als 0,75 m und nicht höher als 1,10 m ist. Er ist durchgehend im Treppenauge geführt auszuführen und soll um eine Auftrittsbreite über das Ende der Treppe hinausragen. Treppenauf- und -abgang sollen für Sehbehinderte und Blinde taktil am Handlauf zu erfassen sein. Für das Profil des Handlaufs haben sich abgerundete Formen mit einem Durchmesser von 35 mm bis 45 mm bewährt (vgl. Abb.5-27).   *Treppengeländer und Handläufe*

Für die Handläufe soll ein wenig wärmeleitendes und griffsicheres Material (z. B. Holz) verwendet werden.

Abb. 5-26: Außentreppen (Winkelstufen) in einer Wohnanlage, Stufen nicht unterschnitten

Abb. 5-26-1: Erschließung eines Wohngebäudes mit einer Unterschneidung der Stufen bis 2 cm als schräge Setzstufe zulässig

Zur besseren Begehbarkeit für Kinder und Kleinwüchsige sollte man einen tieferliegenden zusätzlichen Handlauf vorsehen.

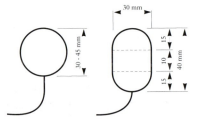

Abb. 5-27: Profil Handläufe (entnommen aus [6])

Die Abbildungen 5-27-1 und 5-27-2 zeigen beispielhaft auf, dass Anliegen der Denkmalpflege und die berechtigten Belange von Menschen mit einem Handycap im Rahmen von Modernisierung von Baudenkmälern bzw. Wohngebäuden zu akzeptablen Lösungen führen können. Dies erfordert aber die Bereitschaft zur Aufgabe von Extrempositionen und zu Kompromissen auf beiden Seiten.

Belange von Barrierefreiheit und Denkmalschutz

Eine farblich kontrastierende Markierung der ersten und letzten Stufe hilft Sehbehinderten den An- und Austritt eines Treppenlaufes zu erkennen. Die Markierungsstreifen sollen unmittelbar an der vorderen Kante auf den Stufen angebracht werden, ihre Breite soll mindestens 5 cm betragen (vgl. Abb. 5-28).

Gestaltung, Beleuchtung und Orientierung

Abb. 5-27-1: Handlaufende eines Treppenlaufes (historische Bauelemente) mit abgerundetem Abschluß ausgeführt

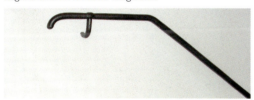

Abb. 5-27-2: Historisch anmutender Handlauf entlang einer Treppenhauswand in einem sanierten Wohngebäude (denkmalgeschützt)

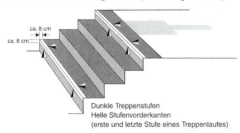

Abb.5-28: Kontrastreiche Markierung der ersten und letzten Treppenstufe (entnommen aus [4])

Eine kontrastreiche Gestaltung der Beläge der Treppenstufen kann durch Farben, Strukturen und aufgeklebte, eingenutete oder eingefräste Elemente erreicht werden.

vgl. Kap. 6.1.1

Generell gilt, dass bei Fehlen eines Kontrastes der zu betrachtende Gegenstand nicht wahrgenommen werden kann, weil sich das Objekt von seinem Umfeld visuell nicht abhebt.

Für Steinstufen bietet sich das Aufkleben von rutschhemmenden Sicherheitsstreifen in Signalfarben an (vgl. Abb. 5-29). Eingenutete Gummistreifen werden dagegen meist zu Stolperfallen und sind daher zu vermeiden.

Abb. 5-29: Kontrastreiche Trittsicherheitsstreifen (Gleitschutzkanten) auf Stufenkanten dienen der besseren optischen Wahrnehmung der Stufenkanten, aber auch der Rutschsicherheit.

Umsichtige Planung und Ausführung einer Außentreppe

Beispiel   Zur Eingangsgestaltung wurde eine repräsentative Podesttreppe mit Blockstufen aus Sandstein ausgebildet. Die Nachrüstung einer mobilen Hebeplattform, vgl. Abb. 5-31, ist möglich.

Die Aufstellfläche kann hinter der Treppenbrüstung ausgebildet werden. Bei einem späteren Bedarf ist diese gestalterisch in das System Treppe als eine Kombination von baulicher und technischer Anlage gut eingebunden (vgl. hierzu auch Abb. 5-18).

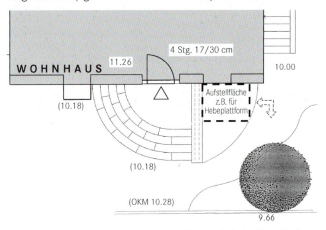

Abb. 5-30: Repräsentative Außentreppe (Blockstufen) als »Viertelkreis« ausgebildet, mit vorgelagertem Podest

Abb. 5-31: Hebeplattform

5.1.2 Rampen

Eine Rampe stellt eine geneigte Verkehrsfläche zur Überwindung von Höhen-unterschieden innerhalb oder außerhalb von Gebäuden dar. Rampen mit fla-chen Neigungen von ≤ 6 % können notwendige[6] Treppen ersetzen.

Rampen im Neubau

Abb. 5-32: Gebogene Rampe zur Erschließung eines Neubaus, Stahlkonstruktion mit Holzbelag

---

6 Notwendige Treppen sind Treppen, die Bestandteile von Rettungswegen sind.

Abb. 5-32-1: Rampenerschließung eines Wohngebäudes mit vorgelagerter Podestfläche

vgl. Abb. 5-34   Rampen gehören zu den stufenlosen Erschließungsbauteilen und stellen eine bauliche Gestaltungsmöglichkeit dar. Da sie für eine gute Nutzbarkeit in ihrer Neigung begrenzt sein müssen, entscheidet der Platzbedarf für die Länge über den Einsatz einer Rampe (vgl. Tab. 5-3).

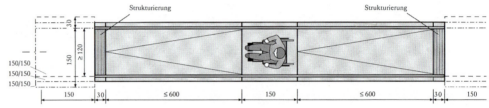

Abb. 5-33 Grundriss Rampe mit zwei Längen und Podesten (entnommen aus [9])

Mit Rampen sind Höhenunterschiede bedingt zu überwinden. Mit zwei Längen sind bei einer Gesamtlänge der Rampe von 16,50 m (2 x 6,00 m, zuzüglich der Bewegungsflächen mit 3 x 1,50 m, vgl. Abb. 5-33) maximal 72 cm Höhenunterschied zu überwinden. Die Rampen dürfen nicht gekrümmt sein.

Die Einhaltung der maximalen Steigungen bzw. Gefälle sowie der Längenbegrenzungen der Rampen ist wichtig, um die Steigung zu überwinden. Auch geht es um die Bremssicherheit und den Schutz vor dem Umkippen.

Tab. 5-3: Zusammenhang zwischen Höhenunterschied und zur Überwindung erforderlicher Rampenlängen

1	2	3	4
Höhendifferenz [m]	Rampenlauflänge mit 6 % Steigung [m]	Zwischenpodeste [m]	Gesamtlänge (Summe aus Spalte 2 und 3) [m]
0,36	1 x 6	–	6,00
0,72	2 x 6	1 x 1,50	13,50
1,08	3 x 6	2 x 1,50	21,00
1,44	4 x 6	3 x 1,50	28,50

Beispiel

1,80	5 x 6	4 x 1,50	36,00
2,16	6 x 6	5 x 1,50	43,50
2,52	7 x 6	6 x 1,50	51,00
Übliche Geschosshöhe im Wohnungsbau: 2,75 m gemessen von OKRB bis OKRB OKRB = Oberkante Rohfußboden			
2,88	8 x 6	7 x 1,5	58,50

Berechnung der Steigung S in %
$$S = \frac{\text{Höhe} \times 100}{\text{Länge}}$$

Berechnung der Rampenlänge L
$$L = \frac{\text{Höhe} \times 100}{\text{Steigung}}$$

Berechnung der Rampenhöhe H
$$H = \frac{\text{Steigung} \times \text{Länge}}{100}$$

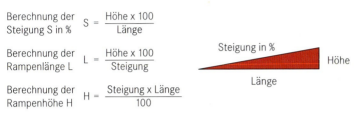

Abb. 5-34: Ermittlung der erforderlichen Rampenlänge

Auch für die stufenlose Erschließung beim Bauen im Bestand eignen sich Rampen. Hier wird das Prinzip: »Barrierefreiheit ist gleich Wahlfreiheit zwischen Treppe und Rampe« angewendet (vgl. Abb. 5-36).

Rampen beim Bauen im Bestand

Planungsparameter für eine barrierefreie Rampe

Rampen für eine barrierefreie Erschließung müssen eine Mindestbreite von 1,20 m zwischen den Radabweisern bzw. den Handläufen besitzen. Die Neigung sollte höchstens 6 % (6:100) aufweisen, damit der aufzubringende Kraftaufwand von Selbstfahrern leistbar ist. Beim Bauen im Bestand ist dieses Maß nicht immer einzuhalten und deshalb sinngemäß anzuwenden, sollte jedoch 8 % nicht überschreiten. Bereits bei einer Neigung von > 8 % besteht bei einem Rollstuhl Kippgefahr.

Geometrie Rampe

Abb. 5-35: Eingangsbereich vor dem Umbau

Abb. 5-36: Darstellung geplante Eingangssituation, Isometrie. Das vorhandene Podest wurde vorgezogen, um Platz für eine Anrampung zu gewinnen.

Insbesondere sind dabei Kinder und kleinwüchsige Menschen im Rollstuhl betroffen, da der Schwerpunkt sich durch die erhöhte Fußrasterstellung verändert und somit die »Kippgefahr« erhöht wird.

Große Rampenlängen (vgl. Tab. 5-3) erfordern die Anlage von Zwischenpodesten. Nach maximal 6 m Rampenlänge muss ein Zwischenpodest mit einer Mindestlänge von 1,50 m vorgesehen werden.

Am Anfang und Ende jeder Rampe ist eine Bewegungsfläche von 1,50 m x 1,50 m vorzusehen.

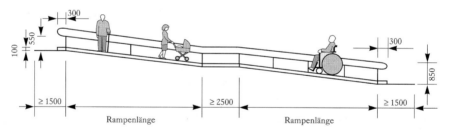

Abb. 5-37: Übersicht über die Abmessungen einer Rampe (entnommen aus [6])

Hinweis:
Bei nicht eingeschränkter
Längenentwicklung ist eine
Podestlänge (Zwischen-
podest) von ≥ 2500 mm
vorteilhaft (Abb. 5-37)

Beidseitig der Rampe ist ein Radabweiser mit einer Höhe von 10 cm anzuordnen.

Die Beläge müssen in trockenem und nassem Zustand sicher begehbar und befahrbar sein. Schutz vor Witterungseinflüssen für Rampen im Außenbereich bietet eine Überdachung.

Für den Außenbereich eignen sich sägerauch geschnittene, geflammte Natursteine, Platten, Asphalt und Beton mit schmalen Fugen sowie quer zur Rampenrichtung verlegte sägerauhe Holzbretter mit eingefrästem Rillenprofil.

Bedingt geeignet sind feinmaschige Stahlroste, die zu Überfrierungen neigen und Kleinsteinpflasterung, die beim Befahren durch Rollstuhlbenutzer Erschütterungen hervorrufen und beim Begehen für Gehbehinderte eine Stolpergefahr bedeuten.

Es gibt keine Rampenbeläge, die unter allen Witterungsbedingungen absolut rutschfest sind; aus diesem Grund kommt dem Geländer als zusätzlicher Stabilisierungshilfe besondere Bedeutung zu.

Im Innenbereich sind Rampenbeläge rutschfest und antistatisch auszubilden.

Rampen sollen gerade angelegt werden. Gewendelte Rampen und Rampen mit einem Quergefälle sollten nur ausnahmsweise bei begrenzter Längenentwicklung angeordnet werden. (Abb. 5-38)

An beiden Seiten der Rampe sind Handläufe in einer Höhe von 0,85 m auszubilden. Die Handläufe sollen über das Ende der Rampe hinausgeführt werden. Für das Profil des Handlaufs sind abgerundete Formen mit einem Durchmesser von 35 mm bis 45 mm geeignet (vgl. Kap. 5.1.1, Abb. 5-27).

Geländer und Handlauf

Beginn und Ende einer Rampe sollten für Sehbehinderte farblich kontrastierend markiert und für Blinde taktil angezeigt werden.

Umsichtige Planung und Ausführung einer Rampe

Das nachfolgende Beispiel dokumentiert die Umgestaltung der Eingangssituation für ein Wohn- und Geschäftshaus.

Beispiel

Abb. 5-38: Rampe einer Wohnanlage in massiver Bauweise, innen als Abstellfläche z. B. für Fahrräder u. Ä. zusätzlich nutzbar

Ausgangssituation:
Der zurückgesetzte Eingangsbereich für das Geschäft im EG und die Wohnungen im I. und II.OG ist durch eine Stufe vom öffentlichen Verkehrsraum abgesetzt.

vgl. Abb. 5-12

Abb. 5-39 Eingangsbereich eines Wohn- und Geschäftshauses vor dem Umbau

Um den Zugang zum Geschäft und zu den Wohnungen barrierefrei zu gestalten und um eine Wahlmöglichkeit zu bieten, wurde das Podest vorgezogen und eine seitliche Anrampung unter Beibehaltung der Stufe gewählt, um somit auch Rollstuhl- und Rollatorbenutzern[7] einen eigenständigen Zugang zum Geschäft und zu den Wohnungen zu ermöglichen.

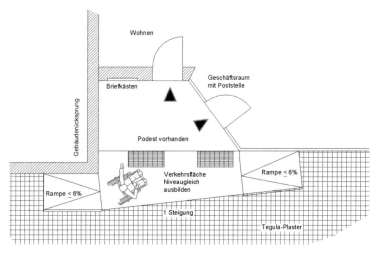

Abb. 5-40: Skizze geplante Änderung des vorhandenen Eingangsbereiches im Zuge der Stadtsanierung

Der fertiggestellte Umbau zeigt die Wahlmöglichkeit zwischen Stufe und Rampe. Die Maßnahme wurde in das Konzept der parallel laufenden Stadtsanierung integriert (Pflaster- und Randsteinwahl).

---

7 Rollator = Gehhilfe

Abb. 5-41: Eingang Wohn-/Geschäftshaus mit vorgelagertem Podest als Stufe und seitlicher Anrampung als Wahlmöglichkeit der Erschließung

5.1.3 Aufzüge

Ein barrierefreier Personenaufzug stellt die beste Lösung zur Überwindung von Höhenunterschieden in Gebäuden dar, da er den Belangen aller Personengruppen gerecht wird.

Mechanische Aufstiegshilfen insbesondere für mobilitätsbehinderte Menschen, wie Hebebühnen und Schrägaufzüge, stellen immer eine Sonderlösung dar, und sollten nur bei Adaptierungen von Gebäuden Anwendung finden.

Aufzugsanlagen im Sinne der Aufzugsverordnung (AufzV)[8] sind Anlagen, die zur Beförderung von Personen oder Gütern und deren Lastaufnahmemittel (Fahrkorb) zwischen festgelegten Zugangs- oder Haltestellen bestimmt sind. Bestimmungen zum Einbau von Aufzugsanlagen werden in den Bauordnungen der Bundesländer unterschiedlich geregelt (vgl. Tab.5-4).

Aufzugsverordnung

Behindertenaufzüge sind Aufzugsanlagen, die auf Grund ihrer Bauart ausschließlich der Beförderung behinderter Personen dienen.

Behindertenaufzüge

8　AufzV: Aufzugsverordnung (trat am 01.01.2003 durch die Betriebssicherheitsverordnung [BetrSichV] außer Kraft und wurde teilweise durch den Abschnitt III der BetrSichV und durch die 12. Verordnung zum Gerätesicherheitsgesetz [12. GSGV] – Aufzugsverordnung – ersetzt.)

Abb. 5-42: Behindertenufzug im Außenbereich mit Witterungsschutz

In Abstimmung mit dem horizontalen Erschließungssystem ist die Möglichkeit für den nachträglichen Ein- oder Anbau eines Aufzugs zu berücksichtigen.

Maßgebend für die Planung eines Personenaufzugs ist der erhöhte Platzbedarf eines Rollstuhlbenutzers.

Die Lage des Aufzugs und die damit verbundenen Kosten, werden dabei vielfach von der Art des geplanten Treppenhauses bestimmt.

»Präventiv Bauen«
Vorrüstung
Aufzugsschacht

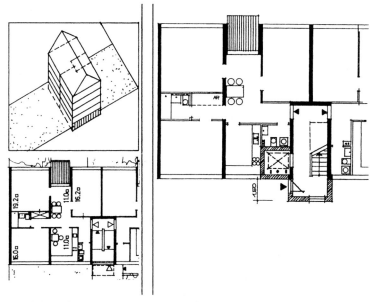

Abb. 5-43: Einläufige Treppe in einem Mehrfamilienhaus mit baukonstruktiver Vorrüstung von Schacht und Schachtgrube (entnommen aus[2])

Tab. 5-4: Tafel 2, Auszug aus den Bauordnungen der Bundesländer (LBO). Stand Frühjahr 2001, Quelle LBO-Dienst (Version 3.2). Der letzte Stand der weiteren Vorschriften (z. B. Durchführungsverordnung) des jeweiligen Landes ist zu beachten.

Legende (Kopfzelle):

Ohne Zeichen (●) in der jeweiligen LBO nicht erwähnt.
✳ nachschlagen in den Verordnungen des jeweiligen Bundeslandes.
Die angegebenen Maße sind Mindestmaße.
Jeweilige LBO bzw. zugehörige Vorschriften beachten bei:
– nachträglichem Dachgeschossausbau bzw. Nutzungsänderung oberster Geschosse,
– baulichen Anlagen und Räumen besonderer Art oder Nutzung,
– Aufzügen für Rollstuhlbenutzer, hinsichtlich behindertengerechter bzw. barrierefreier Ausführung.
– Aufzügen nach Pos. 8. bzw. 9., hinsichtlich weiterer Details; generell gilt bei derartigen Aufzügen, dass die Haltestellen in allen Geschossen mit Aufenthaltsräumen/Wohnungen stufenlos erreichbar sein müssen.

Nr. / Anforderung	Baden-Württemberg	Bayern	Berlin	Brandenburg	Bremen	Hamburg	Hessen	Mecklenburg-Vorpommern	Niedersachsen	Nordrhein-Westfalen	Rheinland-Pfalz	Saarland	Sachsen	Sachsen-Anhalt	Schleswig-Holstein	Thüringen
1. Gebäude mit Aufenthaltsräumen, deren Fußboden mehr als **12,25 m** über der Eingangsebene liegt, müssen Aufzüge in ausreichender Anzahl und Anordnung haben. a) 12,50 m	a) ●								●							
2. In Gebäuden, bei denen der Fußboden eines Aufenthaltsraumes höher als **13 m** über der festgelegten Geländeoberfläche liegt, müssen Aufzüge in ausreichender Zahl eingebaut werden.								● 1)								
3. In Gebäuden mit mehr als **vier** Vollgeschossen bzw. oberirdischen Geschossen müssen Aufzüge in ausreichender Zahl eingebaut werden.		● 1)			● 2)										● 1)	
4. In Gebäuden mit mehr als **fünf** Vollgeschossen bzw. oberirdischen Geschossen müssen Aufzüge in ausreichender Zahl eingebaut werden.	●			● 1)					● 1)		● 1)	● 1)	● 1)	●		● 1)
5. In Gebäuden mit mehr als **fünf** Geschossen über der Geländeoberfläche müssen Aufzüge in ausreichender Zahl eingebaut werden.								● 2)			● 1)	●				
6. Das oberste Vollgeschoss bzw. Geschoss ist nicht zu berücksichtigen, wenn seine Nutzung einen Aufzug nicht erfordert.	●	●	●	●			●	● 2)	●		●	●	●	●	●	●
7. Entfallen von Haltestellen, wenn sie nur unter besonderen Schwierigkeiten herzustellen sind. O=im obersten Gesch., E=im Erdgesch., U = in Untergeschossen, K=in Kellergeschossen	O / U			O / K				O / E / K	O / E / K		O / E / K	O / E / K				O / E / K
8. Mindestens ein Aufzug muss zur Aufnahme von Lasten und Rollstühlen sowie Krankentragen geeignet sein. a) und Kinderwagen	●			● 2)	a) ●	a) ●	●	●	a) ●		● 2)	● 2)	●	a) ●	●	●
9. Mindestens ein Aufzug muss zur Aufnahme von Rollstühlen und Lasten geeignet sein.	✳															
10. Fahrkörbe zur Aufnahme einer Krankentrage müssen eine nutzbare Grundfläche von mindestens 1,10 m x 2,10 m haben. a) Fahrkorbgrundfläche 1 m x 2,10 m; b) Lichte Türbreite 0,83 m; c) Lichte Türbreite 0,8 m	●	3)	● 2)	a) ● 3)	● 3)	● 3)	● 3)	● 3)	● 2)	● 3)	● 3)	● 2)	c) ●	● 2)	b) ●	
11. Fahrkörbe zur Aufnahme von Rollstühlen müssen eine nutzbare Grundfläche von mindestens 1,10 m x 1,40 m haben. Lichte Türbreite: a) 0,95 m; b) 0,83 m	●			● 3)	● 3)	● 3)	● 3)	● 3)	● 3)		● 3)	● 3)	a) ● 2)	● 2) 3)	b) ●	
12. Aufzüge im Innern von Gebäuden müssen eigene Schächte in feuerbeständiger Bauart haben. In einem Aufzugschacht dürfen bis zu drei Aufzüge liegen. a) gilt nicht für Aufzüge in Wohngebäuden geringer Höhe und für Aufzüge innerhalb von Wohnungen.	●	●	●	a) ●	●	●	●	●	●	●	●	●	●	●	●	●
13. In Gebäuden bis zu fünf Vollgeschossen bzw. fünf Geschossen dürfen Aufzüge ohne eigene Schächte innerhalb der Umfassungswände des Treppenraums liegen. Sie müssen sicher umkleidet (Schachtgerüst) sein. a) gilt für Gebäude mit Aufenthaltsräumen, deren Fußboden nicht mehr als 12,5 m über der Eingangsebene liegt; b) Geschossanzahl bzw. Abstände nicht angegeben; c) bis zu sechs Geschossen; d) niedriger als 13 m über der Geländeoberfläche; e) gilt für Gebäudeklasse A bis F	a) ●	● 2)	●	● 2)	b) ●	c) ●	d) ●	e) ● 2)	c) ●	●	c) ●	● 2)	●	●	●	●
14. Nebenstehende §§ der jeweiligen LBOs sind zusätzlich zu beachten. Sie erhalten Geltungsbereiche sowie bauliche Angaben zum behindertengerechten bzw. barrierefreien Bauen, vornehmlich in öffentlich zugänglichen Gebäuden/ Einrichtungen.	§ 39	Art. 51	§ 51	§ 56	§ 53	§ 52	§ 54	§ 52	§ 48	§ 55	§ 51	§ 54	§ 53	§ 56	§ 59	§ 53
15. Anzahl und Ausführung von Feuerwehraufzügen sowie von Aufzügen in Hochhäusern, Krankenhäusern, Versammlungsstätten, Parkhäusern u.a. Einrichtungen, sind den jeweiligen Verordnungen der Länder zu entnehmen.	○	○	○	○	○	○	○	○	○	○	○	○	○	○	○	○

1) Müssen Behinderte im Rollstuhl Obergeschosse bzw. Aufenthaltsräume stufenlos erreichen, gilt dies auch bei weniger Geschossen bzw. geringeren Abständen. **2)** siehe jeweilige LBO bzw. zugehörige Vorschriften. **3)** Lichte Türbreite 0,90 m

Basislösung

Eine einfache Lösung, das Erdgeschoss – und nach Einbau eines Aufzugs auch die Obergeschosse – stufenlos zugänglich zu machen, besteht in der Anordnung einer einläufigen Treppe. Der Treppenraum kann entweder in den Baukörper eingezogen oder nach außen vergrößert werden. Baukonstruktiv ist die einläufige Treppe günstiger als eine zweiläufige Treppe.

Die hier gewählte Basislösung (vgl. Abb. 5-43) ordnet den Schacht derart an, dass das WC in vier Wohnungen nach innen verschoben wird. Damit verringert sich die Wohnfläche von 90,25 m² um ca. 3,6 m² auf 89,25 m². Der Schachtraum kann ohne Aufzug zunächst als Abstellraum genutzt werden, indem je Geschoss eine Holzbalkendecke eingezogen wird.

Infolge der peripheren Lage des Schachtes können keine Schallprobleme zu Wohn- und Schlafräumen entstehen. Das Kellergeschoss ist soweit abgesenkt, dass der Erdgeschossfußboden mit dem Geländeniveau auf gleicher Höhe liegt.

Alle Wohnebenen und das Keller- bzw. Dachgeschoss werden durch den bei Bedarf nachrüstbaren Aufzug barrierefrei und damit nutzengünstig erschlossen.

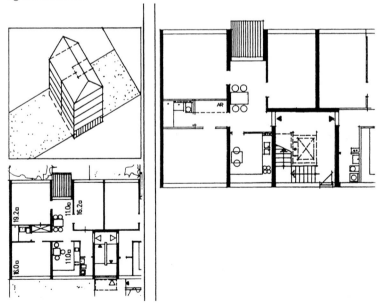

Abb. 5-44: Zweiläufige Treppe in einem Mehrfamilienhaus mit baukonstruktiver Vorrüstung eines Schachts im Treppenauge (entnommen aus [2])

Variante

Eine gängige Alternative besteht in der Anordnung des Aufzugs im Trep-   *vgl. Kap. 5.1.1 Treppen,*
penauge, wobei die lichte Öffnung ca. 1,80 m breit und ca. 2,00 m tief   *Abb. 5-23*
sein muss. Die auf einer Seite des Treppenraums angrenzenden Wohnungen (im Geschosswohnungsbau) reduzieren sich um ca. 7 m² Wohnfläche, das getrennte WC und der Garderobenflur müssten z. B. entfallen (Abb. 5-44).

In einem Forschungsbericht IfB [2] im Auftrag des BMBau wurde mit   *Modellrechnung IFB-*
Modellrechnungen ermittelt, um welches Maß sich die Gebäudekosten   *Forschungsbericht*
bei 2- bis 4-geschossigen Häusern erhöhen, wenn zur bequemeren Nut-
zung ein Aufzug (hier ein Hydraulikaufzug) eingebaut wird. Die prozentu-
alen Erhöhungen sind in Abb. 5-45 dargestellt.

Es zeigt sich ganz deutlich, dass vor allem eine möglichst hohe Woh-
nungszahl je Geschoss zu einer Kostendämpfung beiträgt. Aber auch
eine zunehmende Geschosszahl verringert die Gebäudekosten je m²
Wohnfläche.

Planungsparameter für eine Aufzugsanlage

Planungsparameter, wie Bauart der Schächte (Größe der Fahrkörbe),
Unter- und Überfahrt, differieren je nach Fabrikat und Konstruktions-
art des Fahrschachts. Zur Nutzung des Aufzugs gehört auch eine aus-   *Bewegungsfläche*
reichend große Bewegungsfläche vor der Aufzugstür, damit er auch vom
Rollstuhlbenutzer sicher angefahren werden kann. Je nach der örtlichen
Situation muss die Bewegungsfläche axial zur Kabine oder seitlich zur Tür
versetzt (vgl. Abb. 5-46) vorgesehen werden.

Bewegungsflächen vor Aufzugstüren sollen nicht direkt neben oder nicht
zu nahe gegenüber Treppenabgängen angeordnet werden. Vor Aufzugstüren ist eine Bewegungsfläche von mindestens 1,50 m Tiefe anzuordnen.

Die lichte Breite der Schachtabschluss- und Fahrkorbtür soll minde-   *Türbreite*
stens 90 cm betragen.

Um möglichst allen Personen die Benutzung des Aufzugs zu ermög-   *Aufzugskorb*
lichen, ist eine Mindestkabinengröße (lichte Maße) von 1,10 m x 1,40 m
festgeschrieben (vgl. Tab. 5-5).

Das leicht schräg stehende **Innentableau** muss waagerecht angeord-   *Bedienelemente – innen*
net werden (vgl. Abb. 5-47), damit

- Rollstuhlbenutzer mit Mobilitätseinschränkungen der Arme und Hände
  die Befestigungselemente erreichen können,
- Gehbehinderte nicht hochgreifen müssen, wodurch sie das Gleichge-
  wicht verlieren können.

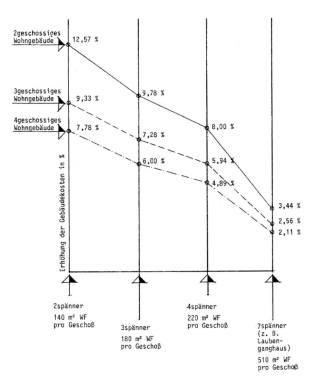

Abb. 5-45: Erhöhung der Gebäudekosten in Prozent durch den Einbau eines Personenaufzugs bei 2- bis 4-geschossigen Gebäuden, Modellrechnung für Hydraulikaufzüge (entnommen aus [2])

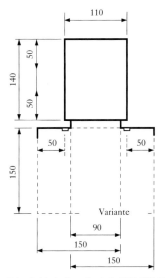

Abb. 5-46: Aufzugskorb lt. DIN 18040 und Bewegungsfläche vor der Aufzugstür (entnommen aus [9])

Abb. 5-47: Schräg stehendes Bedientableau

vgl. Kap. 6.1.3 Aufzüge

Die Ruf- und die Kommandotafel (Mittelachsen der Betätigungs-
elemente) ist in einer Höhe von 85 cm ü. OFF, innen und seitlich mindestens 50 cm von Ecken und Türlaibungen entfernt anzubringen.

Ein zweites, senkrecht und in Augenhöhe angeordnetes Bedientableau erleichtert Sehbehinderten die Benutzung des Aufzugs. In der
Nähe der Bedienelemente ist eine horizontale Haltestange in einer Höhe
von 85 cm anzubringen.

Sensortasten sind für Blinde ungeeignet.

Große Ziffern (mindestens 3 cm hoch), vgl. Abb. 5-48, erleichtern
Sehbehinderten das Erkennen, sich vom Grund abhebende Ziffern ermöglichen blinden Personen die taktile Orientierung. Dies gilt insbesondere für
den »Späterblinder«, da dieser die Brailleschrift nur selten lesen kann.

Hinweise zu geeigneten Schriftarten und Schriftgrößen enthält z. B.
DIN 32975.

Tab. 5-5: Mindestabmessungen für Fahrkörbe mit einem einzelnen Zugang oder mit zwei gegenüberliegenden Zugängen (entnommen aus EN 81-70:2003 (D)9) ersetzt d. DIN EN 81-70:2005-09

Aufzugs-typ	Mindestabmessungen des Fahrkorbs[a]	Zugänglich-keitsgrad	Bemerkungen
1	**450 kg** Fahrkorbbreite: 1000 mm Fahrkorbtiefe: 1250 mm	Dieser Fahrkorb nimmt einen Rollstuhlbenutzer auf.	Typ 1 ermöglicht den Zugang für Personen, die einen Rollstuhl nach EN 12183 oder einen elektrisch angetriebenen Rollstuhl der Klasse A nach EN 12184 benutzen.
2	**630 kg** Fahrkorbbreite: 1100 mm Fahrkorbtiefe: 1400 mm	Dieser Fahrkorb nimmt einen Rollstuhlbenutzer mit einer Begleitperson auf.	Typ 2 ermöglicht den Zugang für Personen, die einen Rollstuhl nach EN 12183 oder einen elektrisch angetriebenen Rollstuhl der Klassen A oder B nach EN 12184 benutzen. Rollstühle der Klasse B sind für den Einsatz in Innenbereichen vorgesehen und in der Lage, auch einige Hindernisse in Außenbereichen zu überwinden.
3	**1275 kg** Fahrkorbbreite: 2000 mm Fahrkorbtiefe: 1400 mm	Dieser Fahrkorb nimmt einen Rollstuhlbenutzer und weitere Personen auf. Er ermöglicht weiterhin das Wenden eines Rollstuhls.	Typ 2 ermöglicht den Zugang für Personen, die einen Rollstuhl nach EN 12183 oder einen elektrisch angetriebenen Rollstuhl der Klassen A, B oder C nach EN 12184 benutzen. Rollstühle der Klasse C sind nicht unbedingt für den Innenbereich vorgesehen, sondern auch in der Lage, längere Strecken zurückzulegen und einige Hindernisse im Außenbereich zu überwinden. Der Typ 3 stellt einen ausreichenden Wenderaum für Personen mit Rollstühlen der Klassen A oder B und mit Gehhilfen (Gehgestelle, Rollgestelle usw.) zur Verfügung.

[a] Die Breite des Fahrkorbs ist der waagerechte Abstand zwischen der inneren Oberfläche der Fahrkorbwände, parallel zur Seite des vorderen Zugangs gemessen. Die Tiefe des Fahrkorbs ist der waagerechte Abstand zwischen der inneren Oberfläche der Fahrkorbwände, im rechten Winkel zur Breite gemessen.

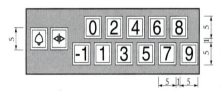

Abb. 5-48: Anordnung der Taster (Bedienungselemente) auf der Kommandotafel (entnommen aus [9])

Weitere wichtige Details sind:

- ein Spiegel zur Orientierung für Rollstuhlbenutzer beim Rückwärtsfahren
- die akustische Information (nur Sprache) für den Blinden
- die optische Information für alle, besonders aber für den hörbehinderten Menschen
- eine automatisch öffnende und schließende, kraftbetätigte Türe.

---

9 Sicherheitsregeln für die Konstruktion und den Einbau von Aufzügen – Besondere Anwendungen für Personen- und Lastenaufzüge – Teil 70: Zugänglichkeit von Aufzügen für Personen mit Behinderungen

Nachfolgend werden die Bewegungsabläufe mit den erforderlichen Bewegungsflächen beim Befahren eines Aufzuges mit einem Rollstuhl aufgezeigt.

Es handelt sich bei den dargestellten Bewegungsabläufen um Beispiele; damit sind nicht alle mögliche Situationen erfasst.

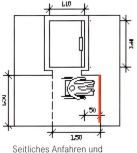

Seitliches Anfahren und
Anfordern des Aufzugs

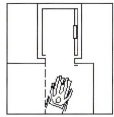

Zurücksetzen mit dem
Rollstuhl, um den Aufzug
zu befahren

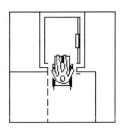

Befahren des Aufzugs (vorwärts)

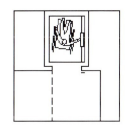

Bedienen des waagerechten Tableaus

Abb. 5-49: Bewegungsablauf beim Befahren des Aufzuges mit einem Rollstuhl

»Gegenüber von Aufzugstüren dürfen keine abwärts führende Treppen angeordnet werden« Sind sie dort unvermeidbar, muss ihr Abstand mindestens 300 cm betragen« (Quelle: DIN 18040)

Bedienungsvorrichtungen im Bereich des Türportals müssen ein sicheres und leichtes Bedienen ermöglichen und dürfen nicht versenkt oder scharfkantig sein. Der Ruftaster außerhalb des Fahrkorbes soll nicht in einer Nische oder Raumecke angebracht werden. Der Abstand zur Raumecke muss mindestens 50 cm betragen, damit ein seitliches Anfahren mit dem Rollstuhl möglich ist (vgl. Abb. 5-46 und 5-49).

Bedienelemente - außen

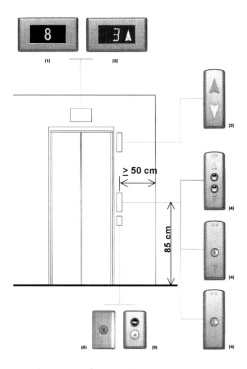

Abb. 5-50: Türportal mit Bedien- und Anzeigeelementen

Beispiel der Ausführung:

(1 u. 2) Kombinierter Standortanzeiger mit Ankunftsmelder

(3)   Alternativ: Ankunftsmelder mit Gong (Der Gong hat unterschiedliche Signale
         für Auf- und Abwärtsrichtung)

(4)   Ruf-Taster mit LED-Leuchtpunkt

(5)   Als weitere Option: Schlüsselschalter und Anzeigen (Feuerwehrbetrieb, Vor-
         zugsfahrt, Außer-Betrieb u. ä.)

Eine Schließsensorik der Türen muss den Türdurchgang berührungs-
los überwachen.

Abb. 5-51: Aufzug mit geöffneter Fahrkorbtür mit Ruftaster und Ruftafel

Umsichtige Planung und Ausführung einer Aufzugsanlage

Der optische Eindruck einer Aufzugsanlage wird vor allem durch die Auf- *kontrastreiche Gestaltung*
zugskabine, Aufzugstüren und die Art des Aufzugsschachts bestimmt.
Die farbliche, kontrastreiche Gestaltung der Oberflächen in Kombination
mit Glas sind eine Frage des individuellen Geschmacks und stehen in kei-
nem Widerspruch zu einer barrierefreien Ausführung (vgl. Kapitel 8 Stellungnahmen von Menschen unterschiedlicher Personen- und Berufsgruppen zum Thema »Barrierefrei Bauen«).

Abb. 5-52: Moderner nachgerüsteter Außenaufzug

Ist ein Aufzug im Gebäude vorgesehen, muss dieser stufenlos erreichbar sein und einen stufenlosen Zugang zu allen Gebäudeteilen ermöglichen. Rollstuhlbenutzer und Gehbehinderte mit Gehhilfen oder Gehgestellen (Rollator), aber auch Personen mit Kinderwagen benötigen für die Fortbewegung eine erweiterte Bewegungsfläche.

5.2 Niveaugleiche Türschwellen zu Balkonen, Terrassen und Loggien – Eckpunkt 2

Wohngebäude, bei denen barrierefreie Zugänge gefordert werden, insbesondere Wohnungen für Rollstuhlbenutzer, sind mit schwellen- und stufenlosen Zugängen zu Balkonen, Terrassen und Loggien zu planen.

Abb. 5-53: Wohngebäude mit Balkonen

DIN 18040　　　Die Forderung nach barrierefreien Zugänge ist in der Norm DIN 18040 enthalten. Danach dürfen barrierefreie Türanschläge nur eine Schwelle bis maximal 2 cm aufweisen (vgl. Abb. 5-54).

Demgegenüber fordert die DIN 18195, Teil 5 »Bauwerksabdichtungen« eine Mindestanschlusshöhe zu aufgehenden Bauteilen für horizontale Abdichtungen auf waagerechten oder schwach geneigten Flächen von 15 cm. Das gilt auch für Türen zu Terrassen, Balkonen und Loggien (Abb. 5-55).

Abb. 5-54: Schwellenloser Zugang zum Balkon; für Rollstuhlbenutzer geeignet

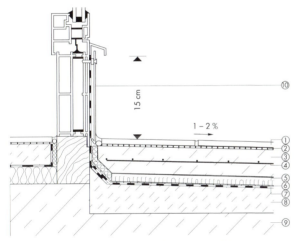

1. Fliesen oder Plattenbelag
2. Dünnbettmörtel bzw. Kontakt-schicht
3. Zementestrich als Lastverteilungs-schicht (min. 50 mm)
4. nichtstatische Bewehrung
5. Drainagematten (8 oder 16 mm)
6. Trennlage (wie durch Richtlinie vor-gegeben)
7. Abdichtung noch DIN 18 195, Teil 5 – an der Wand um mind. 15 cm über Oberkante Belag hochgezogen*
8 Gefälleverbundestrich
9. Balkonkragplatte
10. Verwahrung/Schutzblech

*Nach Din 18 195, Teil 5, Ziffer 8.1.5 sind Abdichtungen von schwach geneigten flächen an anschließenden höhergehenden Bauteilen im Regelfall mind. 150 mm über die Schutz-schicht, die Oberfläche des Belages hochzu-führen und dort zu sichern.

Abb. 5-55: Detail Türanschluss nach DIN 18195, Teil 5

Wird durch geeignete Maßnahmen ein Wassereintritt in die Baukonstruktion verhindert, ist eine Verringerung der Anschlusshöhe auf 5 cm nach der Flachdachrichtlinie des Zentralverbandes des Deutschen Dachdeckerhandwerks und des Hauptverbandes der Deutschen Bauindustrie e.V. möglich.

1. Belag (Feinsteinzeug ab 15 mm
   Dicke, mind, 30 x 30 cm)
2. Fugenstab
3. Fixierflächen aus Spezial-
   Fixiermasse
4. Drainagematten (8 mm)
5. Trennlage (wie durch Richtlinie
   vorgegeben)
6. Abdichtung nach DIN 18 195,
   Teil 5, außer Bitumenbahnen
   oder Abdichtung im Verbund
7. Gefälleverbundestrich
8. Balkon-Betonkragplatte
9. elastische Fuge auf Rundschnur
10. Drainrost – höhenverstellbar
11. Lastverteilungs-Unterlage
12. Fugenband
13. unteres Abschlussdetail

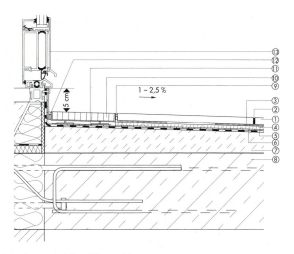

Abb. 5-56: Detail Balkonplatte, niedriger Türanschluss

Abb. 5-57: Terrassentür mit Einlaufrinne, 5 cm Anschlag; für Rollstuhl bedingt geeignet

Im Teil 5 der DIN 18195 wird gefordert, dass im Einzelfall, z. B. bei Balkon- und Terrassentüren, besondere Maßnahmen gegen das Eindringen von Wasser oder das Hinterlaufen der Abdichtung durchgeführt werden müssen.

Abb. 5-58: Einlaufrinne als Schlitzrinne mit seitlichem Spritzschutz im aufgehenden Wandbereich ausgebildet

Bei der Gestaltung von barrierefreien Zugängen zum Außenbereich muss also auf schwellenlose Ausbildung und sichere Abdichtung gegen das Eindringen von Wasser geachtet werden.

Abb. 5-59: Flächeneinlauf mit Gitterrost gegen »zusetzen« mit Kies geschützt

Im Folgenden werden Schwellenkonstruktionen und -systeme als untere Anschlusskonstruktionen von Außentüren (Haus-, Terrassen-, Balkontüren) hinsichtlich ihrer »barrierefreien Leistungsfähigkeit« (max. 2 cm Höhenunterschied) beispielhaft dargestellt.

System Verbundbodenschwelle:

wärmegedämmte Schwelle mit einer Höhe von ≤ 2 cm

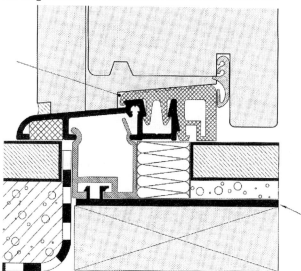

Abb. 5-60: Stufenlose Verbundbodenschwelle mit thermischer Trennung; für Rollstuhl-benutzer bedingt geeignet

Abb. 5-61: Zugang vom Wohnbereich zur Terrasse mit Holzbohlenbelag; für Rollstuhl-benutzer geeignet

Alternativ: System Magnetschwelle

Zwei Magnetprofile sind in der im Boden eingelassenen Fußleiste aus Aluminium freilagernd eingesetzt. Die Gegenprofile befinden sich im Türflügel. Bei geschlossener Tür werden die Magnete leicht angehoben und dichten so den Innenraum gegen Regenwasser und Wind ab. Wird die Tür geöffnet, sinken die Magnete in die Leiste zurück.

Abb. 5-62: Zugang mit Drainrost und Magnetschiene; für Rollstuhlbenutzer gut geeignet

Hinsichtlich der Abdichtung gegen das Eindringen von Wasser können u.a. ausreichende Vordächer und Rinnen mit Gitterrosten zum Einsatz kommen. (Abb. 5-63)

Argumente für die Ausbildung von Schwellen und Stufen infolge von Abdichtung und Isolierung haben mit den heute verfügbaren Materialien und Bautechniken keinen Bestand mehr. Jedoch gelten bautechnische Lösungen für barrierefreie Zugänge nach derzeitigem Kenntnisstand als technische Sonderlösungen und müssen vertraglich mit den Bauherren vereinbart und so ausgeführt werden, dass Bauschäden vermieden werden.

Je nach nicht überdachter Fassadenhöhe können hochgerechnet durchaus 300 bis 400 l/Std. Regenwasser im Schwellenbereich abzuführen sein. Aufgrund des hohen Schadensrisikos in diesem sensiblen Bereich sollte bei der Planung und Berechnung ein Sicherheitsfaktor von zwei bis drei berücksichtigt werden. Für eine rückstaufreie Entwässerung sind daher ausschließlich leistungsfähige Flächendrainagen mit einem nachweisbaren Wasserableitvermögen > 0,5 l/(m x Sekunde) erforderlich.

Vertragliche Vereinbarung für technische Sonderlösung

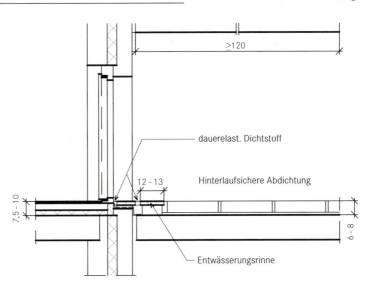

Abb. 5-63: Zugang mit Überdachung und Entwässerungsrinne

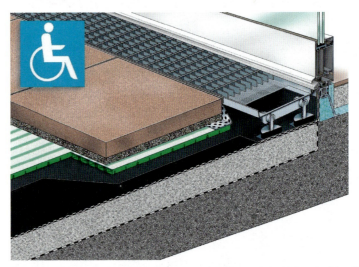

Abb. 5-64: Höhen-/schrägverstellbarer Drainrost-Übergang im Verbund mit kapillarpassiver Flächendrainage für festverlegte Außenbeläge und Zementestriche[10]

vgl. Kap. 6.2   Eine Kombination von geeignetem Drainrost mit leistungsfähiger Flächendrainage kann eine auf Dauer rückstaufreie Entwässerung garantieren. Das bedeutet, Drainrinnen bzw. -roste müssen für den Einsatz an barrierefrei ausgeführten Balkon- und Terrassentürschwellen uneingeschränkt tauglich sein.

---

10 barrierefrei

Oben offene Drainageroste bzw. -rinnen, bei denen grober Oberflächenschmutz, aber auch Laub und andere organische Rückstände von Bäumen und Sträuchern sowie Balkonpflanzen unmittelbar auf die Abdichtungsebene und damit in die Drainschicht gelangen, müssen regelmäßig gereinigt werden.

Bei Verwendung von Kastenrinnen und ihren lochblechartigen Öffnungen zur Belagsseite hin kommt hinzu, dass sie schnell verschlammen können, weil ihre Ablaufquerschnitte relativ klein sind. Dort, wo der Einbau von Lochwinkeln am Drainrost erforderlich ist, darf er nicht den Abflussquerschnitt von Drainrost zur Drainschicht verengen und somit den Wasserabfluss behindern.

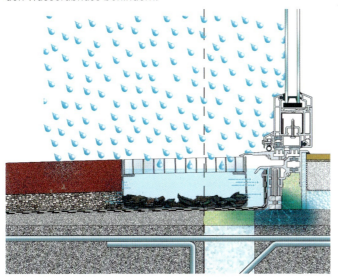

Abb. 5-65: Drainrost im Anschluss an Magnet-Schiene

Um solche Bauschäden zu verhindern, sollten hier vorzugsweise Drainroste mit Schmutzgitter (zwischen Gitterrost und Rahmen) eingebaut werden. Feinstschmutze gelangen über deren Filter auf die Abdichtung, von wo aus sie jedoch zusammen mit dem Regenwasser abtransportiert werden. Grobe organische Schmutze dagegen bleiben auf dem Schmutzgitter liegen und sind von oben leicht erkennbar. Eine einfache Sichtkontrolle genügt also, um die einwandfreie Entwässerungsfunktion zu überprüfen.

Bei der Auswahl der Drainageroste sollte auch auf das Spritzwasser geachtet werden. Auf Drainagerosten mit großflächig horizontalen Ebenen (zum Beispiel Lochroste, Schlitzroste, Stegroste o. ä.) ist mit einem hohen Spritzwasseraufkommen (reflektierendes Wasser) bei Regeneinwirkung zu rechnen.

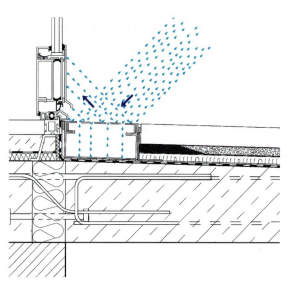

Abb. 5-66: Spritzwasserentstehung

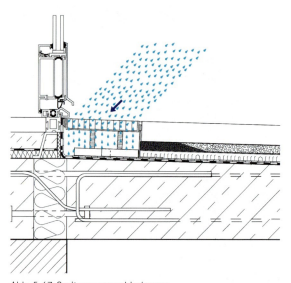

Abb. 5-67: Spritzwasserverhinderung

Im Gegensatz dazu sind Gitterroste in der Lage, den Niederschlag »zu fangen« (Abb. 5-67). Das Wasser gelangt direkt auf die Abdichtung bzw. in die Rinne, ohne das Türelement mit reflektierendem Wasser zu belasten.

Umsichtige Planung und Ausführung niveaugleicher Türschwellen zu Balkonen

Im Zuge einer Gebäudemodernisierung wurde u.a. auf die Außenwand des Gebäudes ein Wärmedämm-Verbundsystem aufgebracht. Die vorhandenen Balkone waren durch eine ca. 12 cm hohe Schwelle zur vorhandenen Geschossdecke abgesetzt.

Die neue Balkonanlage wurde niveaugleich zur Geschossdecke des Wohngebäudes ausgeführt.

Zur Überbrückung des Spaltes zwischen Gebäude und Balkonplatte wurde ein Überbrückungsblech aus Edelstahl als Abdichtung gegen anfallendes Niederschlagwasser (vgl. Abb. 5-69) eingebaut.

Durch diese Maßnahme wurde der Wohnwert des Gebäudes gesteigert.

Abb. 5-68: Modernisiertes Wohngebäude

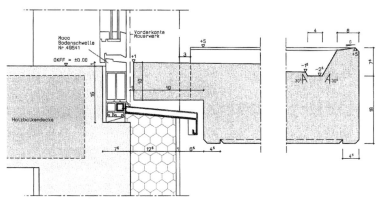

Abb. 5-69: Balkonanschlussdetail mit Überbrückungsblech

5.3 Individualbereich Bad – Eckpunkt 3

Die DIN 18022 »Küchen, Bäder und WCs im Wohnungsbau; Planungsgrundlagen« beschreibt notwendige Abstände, Bewegungsflächen und
Ausstattungsgegenstände. Für ein barrierefreies Bad werden weitere
Anforderungen an Bewegungsflächen und Sanitärausstattungsgegen-
vgl. Abb. 5-88 und 5-99   stände gestellt. Zu den Maßen der Bewegungsflächen vergleiche Kapitel
5.5.1 – Bewegungsflächen in Räumen.

Idealerweise verfügt ein Bad über genügend Platz für Dusche, Wanne
und weitere Ausstattungsgegenstände, wie z. B. WC und Waschtisch.

Für die Wanne spricht der Badekomfort und die Möglichkeit, sie bei
Bedarf für therapeutische Zwecke zu nutzen. Dagegen erlaubt die Dusche
eine flexiblere, schnellere und wassersparendere Nutzung. (Abb. 5-70)

Zur Verhinderung einer »Überschwemmung« des Badezimmerbodens,
was aus Sicherheitsgründen – Verminderung der Rutschgefahr – erforderlich ist, sollte ein Spritzschutz ausgebildet werden.

Die Ausbildung eines Spritzschutzes, z. B. als Vorhang, Glaswand
(Abb. 5-70) oder abgemauert, entscheidet über die Bewegungsfreiheit.

Für barrierefreie Bäder in Wohnungen sind die unterschiedlichen
Anforderungen der jeweiligen Nutzer zu berücksichtigen. Wenn die Nut-
zer nicht bekannt sind, sind die Anforderungen nach DIN 18025, Teil 2 –
Barrierefreie Wohnungen; Planungsgrundlagen – ein Maßstab.

Für Rollstuhlbenutzer gelten weitergehende Anforderungen. Diese
ergeben sich aus der DIN 18025, Teil 1 – Barrierefreie Wohnungen, Wohnungen für Rollstuhlbenutzer; Planungsgrundlagen – und aus den individuellen Bedürfnissen.

vgl. Tab. 5-11   In der Regel werden Duschen mit einer Einbauduschwanne in der
Größe ≥ 80 cm x 80 cm und mit einer Einstiegshöhe von ca. 15 cm ausgeführt.

Abb.5-70: Parallele Anordnung von Dusche und Badewanne

Abb. 5-71: Ausführung Einbauduschwanne mit Einstieg über Eck

Im Boden abgesenkte Dusche vgl. Kap. 6.3.1

Abb. 5-72: Ausführung schwellenlose Einbauduschwanne mit Duschvorhang

Abb. 5-73: Alternativ: Duschboden mit sandgestrahltem Trittsicherheitsstreifen

Zusätzlich erhalten diese Duschen häufig eine Duschabtrennung mit einem Einstieg über Eck (vgl. Abb. 5-71).

Diese Ausführung von Duschen ist für Rollstuhlbenutzer nicht geeignet. Für Menschen mit z. B. einer Gehbehinderung ist der Einstieg, wenn überhaupt, nur mit erheblichen Anstrengungen möglich und stellt ein Sicherheitsrisiko dar. Die erforderliche Bewegungsfreiheit bezogen auf die individuellen Bewegungsabläufe ist eingeschränkt.

Planungsparameter für ein barrierefreies Badezimmer

Der schwellenlos begehbare Duschbereich in einem barrierefrei gestalteten Bad nach DIN 18040, Teil 2 hat eine Bewegungsfläche von mindestens 120 cm/120 cm. (Abb. 5-72 und 5-73)

Ein für die Anforderungen eines Rollstuhlbenutzers ausgelegtes Bad nach DIN 18040, Teil 2 [R] besitzt ebenfalls einen stufenlos erreichbaren Duschplatz mit einer Bewegungsfläche von mindestens 150 cm/150 cm. Die notwendigen Maße der Bewegungsflächen sind der Abb. 5-75 zu entnehmen.

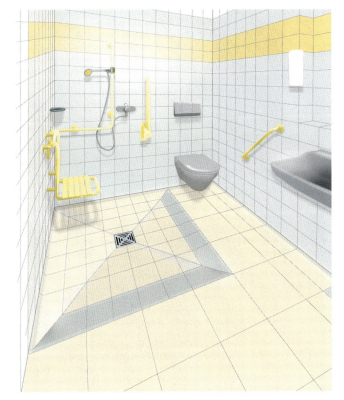

Gestalterische Ausführung vgl. Abb. 5-79, Abb. 5.80 und 5-80-1

Abb. 5-74: Ansicht Dusche mit Ausstattungsgegenständen

Bewegungsflächen (können sich überlagern)

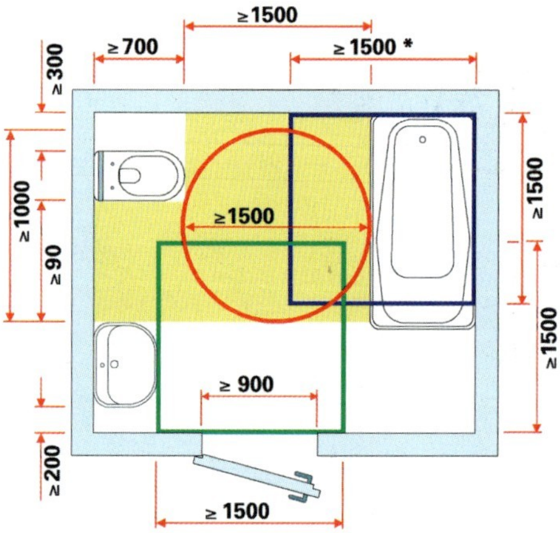

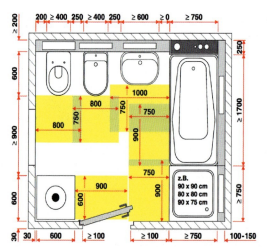

Abb. 5-75: Anordnung Sanitärobjekte nach DIN 18040, Teil 2 [R]. Die Wanne ist bei Bedarf gegen eine bodengleiche Dusche austauschbar.

Barrierefreiheit auf der Grundlage eines Bades nach DIN 18022 als vergleichende Betrachtung zur DIN 18040

In Abb. 5-76 sind die Sanitärausstattungsgegenstände in Anlehnung an Tabelle 2, DIN 18022 angeordnet. Die Fläche des Grundrisses beträgt **≥ 6,5 m²**. Das Bad enthält neben Badewanne und Dusche, ein WC, ein Bidet und einen Waschtisch sowie einen Stellplatz für eine Waschmaschine.

Bewegungsflächen (können sich überlagern)

Vorwandsystem mit Ablagefläche

Installationsschacht

Abb. 5-76: Bewegungsflächen im Badgrundriss nach DIN 18022

Die Anordnung des Waschtisches (Abb. 5-77) behindert bei Bedarf den Austausch der Badewanne gegen eine bodengleiche Dusche.

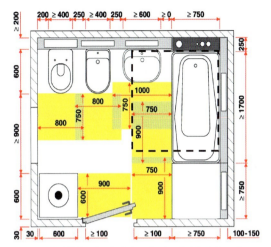

Abb. 5-77: Flächenbedarf einer bodengleichen Dusche

Bewegungsfläche mit 150 cm x 150 cm gemäß DIN 18040 T2 [R] für die Ausführung einer bodengleichen Dusche

vgl. Abb. 5-89 und Tab. 5-11

Hinweis:
Nach DIN 18040 T2 muss die Tür nach außen aufschlagen

Ein für eine Rollstuhlbenutzung geeigneter Umbau für eine barrierefreie Nutzung könnte die Anordnung des Waschtisches im Bereich der am Kopfende der Wanne dargestellten Dusche ermöglichen. Damit würde bei Bedarf der Duschplatz an der Stelle der auszutauschenden Badewanne die notwendige Bewegungsfläche mit 150 cm x 150 cm erhalten.

Ein anderes Beispiel für eine barrierefreie Nutzung der Sanitärausstattungsgegenstände zeigt Abb. 5-78. Hier kann bei Bedarf die Badewanne gegen eine bodengleiche Dusche mit einer Grundfläche z. B. von **1,20 m x 1,20 m** ausgetauscht werden. Die in diesem Bereich aufgestellte Waschmaschine kann außerhalb der Grundfläche der geplanten Dusche zwischen derzeitigem Ende der Badewanne und gegenüberliegender Wand aufgestellt werden. Gleichzeitig ist bei Bedarf das seitliche Anfahren mit einem Rollstuhl an das WC möglich. Der dargestellte Badgrundriss wird in seiner Größe von ≥ **6,6 m²** nicht verändert.

Die geschickte Anordnung der Einrichtungs- und Ausstattungsgegenstände (vgl. Abb. 5-78) ermöglicht bei gleicher Grundfläche die Umgestaltung des Bades nach den Kriterien der DIN 18040, Teil 2. Mit dieser Vorgehensweise lässt sich ein höherer Wohnkomfort herstellen.

Fazit:

Ein wichtiger Aspekt bereits in der Entwurfsphase ist, Verkehrsflächen mit Nutzflächen zu überlagern, wie beispielsweise die Überlagerung der Verkehrsfläche innerhalb des Sanitärraumes mit dem der Bewegungsfläche vor den Sanitärobjekten. So kann ein Sanitärraum entsprechend der DIN 18022 geplant werden und dennoch den Bedürfnissen von Mobilitätsbehinderten gerecht werden.

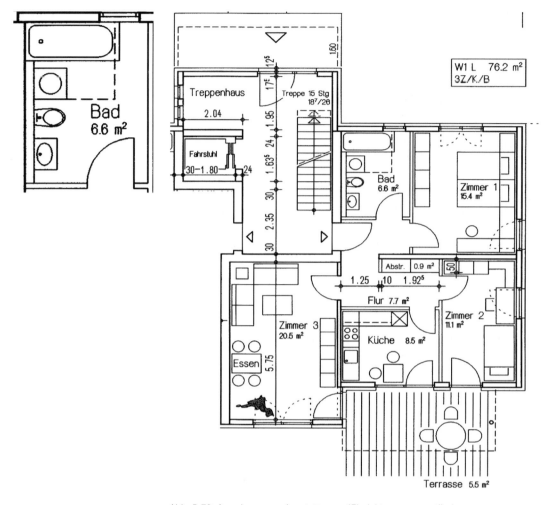

Abb. 5-78: Anordnung von Ausstattungs-/Einrichtungsgegenständen

Umsichtige Planung und Ausführung eines Badezimmers

Ein schönes Bad soll ganz bewusst auch barrierefrei sein – ein barrierefreies Bad soll ganz bewusst auch schön sein.

Räumliche Großzügigkeit und barrierefreie Gestaltungsmöglichkeiten
sind im Individualbereich Bad uneingeschränkt möglich, wie die Abbildungen 5-79 und 5-80 zeigen.

Abb. 5-79: Barrierefreies Bad unter funktionalen und gestalterischen Gesichtspunkten

Abb. 5-80: WC und Dusche ästhetisch und funktional

Abb. 5-80-1: „Barrierefreies Ambiente" durch die niveaugleiche Gestaltung einer zum angrenzenden Bodenbereich durchgeführten integrierten Duschfläche (Bildnachweis: Bette GmbH u. Co. KG Delbrück)

5.4 Nutzungsflexibilität und Möblierungsplan – Eckpunkt 4

Bei der Gestaltung von Wohnungen sollte man sich von starren Grundrissen lösen: statt unnötig großer Repräsentationsflächen und kleinen Kinderzimmern werden nutzungsneutrale Räume vorgesehen. Kleinere Räume sollten austauschbar, größere Räume sollten teilbar sein. Dementsprechend muss die Lage der Türen und Fenster sowie der Ausstattung eine Teilung ermöglichen.

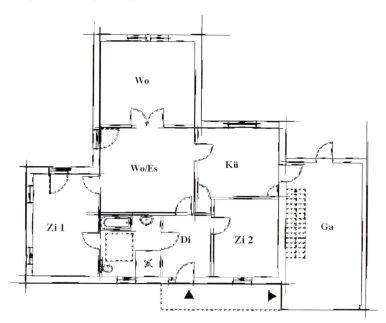

Abb. 5-81: Skizze Grundriss mit nutzungsneutralen Räumen, Nutzung Zimmer 1 und Zimmer 2 austauschbar

Wenn bei der Planung außerdem Ausbau- und Umbaumöglichkeiten oder die Teilung in zwei eigenständige Wohnbereiche berücksichtigt werden, steigert das die Flexibilität für spätere Familienphasen noch weiter und ermöglicht das Miteinander mehrerer Generationen im barrierefreien Wohnhaus. *vgl. u.a. Kap. 7.1.2*

Mit Nutzungsflexibilität individueller Grundrisse wird die Anpassungsfähigkeit einer Wohnung an die Wohnbedürfnisse der Bewohner bezeichnet. Die Wohnbedürfnisse können sich ändern in Folge von:

- neuen Interessen und Gewohnheiten der Bewohner, z. B. bei Heranwachsenden in Abhängigkeit vom Alter
- wechselnden Mitgliedern eines Haushalts beim Wohnungsbezug, z. B. 3-Personen-Haushalte mit unterschiedlicher Sozialstruktur, wie Eltern mit Kind oder Alleinerziehende mit zwei Kindern
- erwerbsabhängigen Veränderungen (geregelte Arbeitszeit, Nacht-/Schichtarbeit)
- beruflichen Veränderungen (Heimarbeitsplatz)
- gesundheitsabhängigen Bedarfsveränderungen (Krankheit/Pflegebedürftigkeit).

Funktionstausch

Diese veränderten Wohnbedürfnisse können u.a. Ursachen für den Wechsel der Funktionsbestimmung von Räumen sein. Die Bewohner ziehen innerhalb ihrer Wohnung um.

Es gibt verschiedene Möglichkeiten der Anpassungsfähigkeit:

- Funktionale Flexibilität betrifft die Raumnutzungsänderung. Voraussetzungen hierfür sind vergleichbare Raumgrößen und Raumzuschnitte, sowie keine Nutzungs- und Möblierungsfestlegungen.
- Raumverbindungsflexibilität ermöglicht die schnelle Veränderungen der Anzahl der Räume, indem durch Schiebetüren oder Schiebewände zwei oder mehr Räume kurzfristig miteinander verbunden oder voneinander getrennt werden.
- Konstruktive Flexibilität beinhaltet langfristige Veränderungen, indem die Struktur der Wohnung durch das Versetzen und/oder Entfernen von Wänden den Bedürfnissen angepasst wird.

Zuschalt-Flexibilität ist ebenfalls eine konstruktive Flexibilität. Sie wird zur Vergrößerung oder Verkleinerung von Wohnungen angewendet durch Einbeziehen oder Abtrennen von Ergänzungsbereichen außerhalb der Kernwohnung.

Die folgenden Abbildungen zeigen ein Beispiel für die funktionale Flexibilität einer Wohnung im Geschosswohnungsbau (Abb. 5-82 und 5-83). Eine altersbedingte Bedarfsveränderung eines 3-Personenhaushalts, bestehend aus Eltern und einem Kind, verursacht diese Raumnutzungsänderung.

Die hergestellte Raumerschließung des Kinderzimmers über den Flur als Verknüpfung zum Küchenbereich ermöglicht dem Kind eine Kommunikation mit der Bezugsperson in der Küche. Die angrenzende Terrasse erlaubt das Spielen im Freien.

Im Jugendalter (spätestens ab 14 Jahren) ist ein Funktionstausch der Räume sinnvoll. Als Jugendzimmer ist der in Eingangsnähe gelegene Raum mit angrenzendem WC gut geeignet.

94

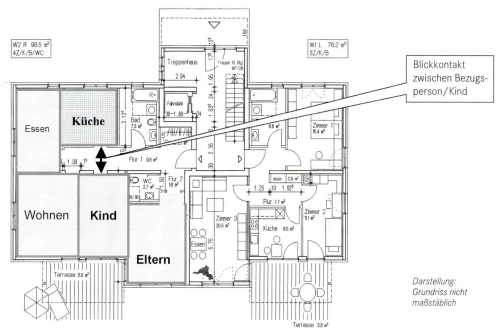

Abb. 5-82: Funktionale Flexibilität einer Wohnung vor Nutzungswechsel Kind / Eltern

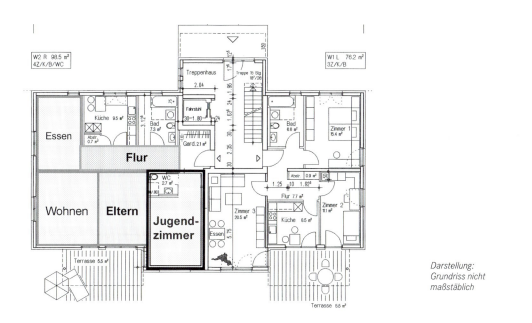

Abb. 5-83: Funktionale Flexibilität einer Wohnung nach Nutzungswechsel Kind / Eltern.

95

Der/die Jugendliche kann das Zimmer vom Eingang her direkt erreichen. Das bisherige Kinderzimmer nutzen die Eltern als Schlafzimmer. Wenn der Jugendliche die elterliche Wohnung verlässt, ist das Zimmer z. B. als Gästezimmer oder Arbeitszimmer weiter zu nutzen.

Die Vorteile der Flexibilität liegen für den Bewohner in einer größeren Entscheidungsfreiheit im Gegensatz zur bloßen Anpassung an bauliche Gegebenheiten.

Nicht ausschließlich der Nutzungswechsel der Räume untereinander ist entscheidend, sondern auch der »Nutzerwechsel« innerhalb einer Lebensdauer!

Möblierungsplan

Der Möblierungsplan dient zur Planungssicherheit aller am Bau Beteiligten. Der Möblierungsplan wird aus dem maßstäblichen Grundrissplan mit eingetragener Lage von Fenstern, Türen und Türaufschlagsrichtungen entwickelt.

Nach dem maßstäblichen Eintragen der Stellflächen der gewünschten und vorhandenen Möbel erhält man einen optischen Eindruck über Verkehrs-, Bewegungsflächen und Durchgangsbreiten.

Weiterhin erkennt man, ob die Kriterien der DIN 18040, Teil 2 bzw. Teil 2 [R], falls sie vereinbart wurden, eingehalten werden.

Beispiel Schlafzimmer Der Zusammenhang zwischen der Raumgröße und der Stellung der Möbel wird in einer vergleichenden Betrachtung am folgenden Beispiel eines Schlafzimmers aufgezeigt.

Der Mindestausstattungsgrad eines Schlafzimmers besteht aus einem Doppelbett mit einer Mindestgröße von 2,00 m x 2,00 m mit Nachttischen und einem Kleiderschrank mit einer Mindestgrundfläche von 0,60 m x 2,00 m.

Folgende Skizzen zeigen, dass die Stellung von Bett und Schrank im Schlafzimmer einen erheblichen Einfluss auf die Größe des Zimmers hat, da das Bett das größte Flächenmöbel in einer Wohnung darstellt.

In allen weiteren Räumen ergeben sich bei veränderter Möbelstellung keine ähnlich auffälligen Größenunterschiede.

Für die Darstellung des Fallbeispiels 1 wurde die DIN 18040, Teil 2 [R] bzw. für das Fallbeispiel 2 die DIN 18040, Teil 2 zu Grunde gelegt.

Zusammenhang zwischen der Raumgröße und der Stellung der Möbel

Fallbeispiel 1:

Tab. 5-6: Schlafzimmer für Rollstuhlbenutzer ohne und mit Assistenz

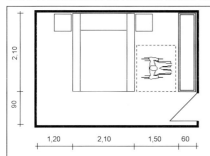 **Schlafzimmer DIN 18040 Teil 2 [R]**	Aufstellung Schrank seitlich zum Bettausstieg **Ausstattung:** Doppelbett mit Kopfteil (2,10 m x 2,10 m wegen Steigerung der Körpergröße) und Nachttischen, Schrank (2,00 m x 0,60 m) Rollstuhlbenutzer ohne Assistenz erforderliche Bewegungsfläche ≥ 1,50 m x 1,50 m **Fläche: 16,2 m²** Raum erzeugt einen schlauchartigen Eindruck, Tageslichtversorgung wegen Raumtiefe ungenügend. vgl. Tab. 5-11
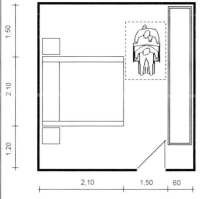 **Schlafzimmer DIN 18040 Teil 2 [R]**	Aufstellung Schrank gegenüber vom Fußteil (Gegenlage) **Ausstattung:** Doppelbett mit Kopfteil (2,10 m x 2,10 m) und Nachttischen, Schrank (2,00 m x 0,60 m) Rollstuhlbenutzer mit Assistenz erforderliche Bewegungsfläche > 1,50 m x 1,50 m **Fläche: 20,16 m²** Erhöhter Flächenbedarf führt zu einem quadratischen Raumeindruck. Zum Vergleich werden jeweils Bewegungsflächen von ≥ 1,50 m x 1,50 m zu Grunde gelegt

Fallbeispiel 2:

Tab. 5-7: Schlafzimmer für Gehhilfenbenutzer, wie Krücken und Gehgestell (Rollator)

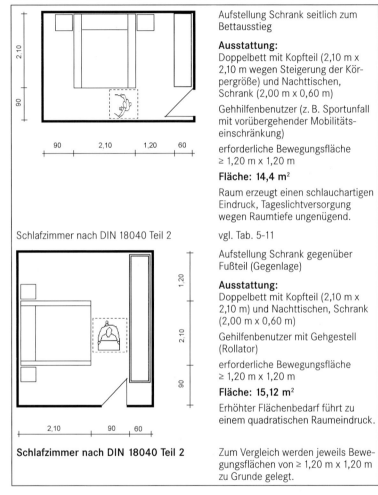

Aufstellung Schrank seitlich zum Bettausstieg

Ausstattung:
Doppelbett mit Kopfteil (2,10 m x 2,10 m wegen Steigerung der Körpergröße) und Nachttischen, Schrank (2,00 m x 0,60 m)

Gehhilfenbenutzer (z. B. Sportunfall mit vorübergehender Mobilitätseinschränkung)

erforderliche Bewegungsfläche ≥ 1,20 m x 1,20 m

Fläche: 14,4 m²

Raum erzeugt einen schlauchartigen Eindruck, Tageslichtversorgung wegen Raumtiefe ungenügend.

Schlafzimmer nach DIN 18040 Teil 2

vgl. Tab. 5-11

Aufstellung Schrank gegenüber Fußteil (Gegenlage)

Ausstattung:
Doppelbett mit Kopfteil (2,10 m x 2,10 m) und Nachttischen, Schrank (2,00 m x 0,60 m)

Gehhilfenbenutzer mit Gehgestell (Rollator)

erforderliche Bewegungsfläche ≥ 1,20 m x 1,20 m

Fläche: 15,12 m²

Erhöhter Flächenbedarf führt zu einem quadratischen Raumeindruck.

Schlafzimmer nach DIN 18040 Teil 2

Zum Vergleich werden jeweils Bewegungsflächen von ≥ 1,20 m x 1,20 m zu Grunde gelegt.

Fazit:

Beide Fallbeispiele lassen erkennen, dass die Stellung von Schrank und Bett in Gegenlage zu einem höheren Flächenbedarf führt.

Diese gewählte Möbelstellung führt allerdings zur Ausbildung von nahezu quadratischen Räumen, welche gut mit Tageslicht versorgt werden können, einen guten Raumeindruck vermitteln und günstig für flexible Nutzungen (Raumtausch) innerhalb der Wohnung sind.

Aus den Beispielen ist erkennbar, dass die geforderten Flächen z. B. im öffentlich geförderten Wohnungsbau, dessen Größen mit 45 m² – 90 m² vom Ein- bis Vierpersonenhaushalt gestaffelt sind, mit dem Planungsmaßstab nach DIN 18040, Teil 2, Kategorie 1 ohne Qualitätsverlust sogar unterschritten werden können.

Die Voraussetzungen liegen in einer geschickten Grundrissplanung unter der optimalen Ausnutzung der Verkehrs-, Stell- und Bewegungsflächen.

Nach den Technischen Wohnungsbaurichtlinien für z. B. Hessen gilt folgende Flächenbegrenzung im geförderten Wohnungsbau nach Anzahl der Personen:

Technische Wohnungsbaurichtlinien Hessen

1 Person   40–45 m²
2 Personen bis   57 m²
3 Personen bis   69 m²
4 Personen bis   81 m²
5 Personen bis   93 m²
6 Personen bis 105 m²

Wie sieht der Planungsalltag aus?

Bereits im ersten Bauherrengespräch wird deutlich, dass sich die angehenden Bauherren/-innen bereits eingehend mit Kosten, Grundrissen, Ausstattung, Möblierung etc. des zu erstellenden Wohngebäudes befasst haben. Dies gilt sinngemäß auch für den Kauf einer Eigentumswohnung und das Mieten einer Wohnung.

Bauherrengespräch

Abb. 5-84: Bettkombination mit Kopfteil und Funktionsnachttisch[11]

---

11 Integrierte Bedienelemente im Funktionsnachttisch lassen Einstellungen von Licht und Jalousien sowie Fenster und Tür bequem vom Bett aus steuern.

◀▶

lichte Durchgangsbreite
> 90 cm

Bewegungsfläche nach
DIN 18040 Teil 2:

1,20m x 1,20m

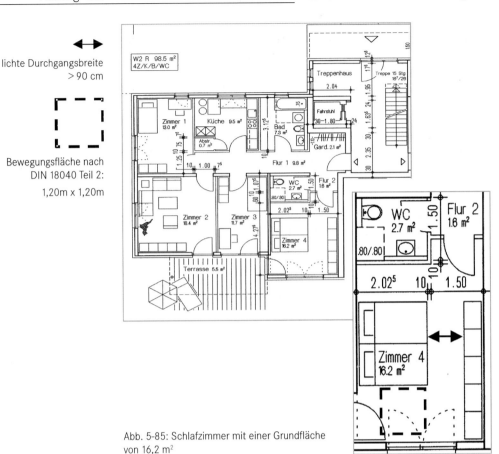

Abb. 5-85: Schlafzimmer mit einer Grundfläche
von 16,2 m²

In den folgenden Gesprächen gilt es, die Vorstellungen der Bauherren/
-innen in eine konkrete Planung unter Berücksichtigung ihrer bisherigen
Wohnerfahrungen umzusetzen. Dabei sollte auch auf weitere Kriterien,
wie zum Beispiel die aus dem Bewegungsablauf resultierenden Bewegungsflächen, eingegangen werden.

Berücksichtigung vorhan-
dener Möbel und Ausstat-
tungsgegenstände

Häufig wird von der Bauherrschaft der Wunsch geäußert, vorhandene
Möbel bzw. Ausstattungsgegenstände bei der Planung der Grundrisse zu
berücksichtigen. (Abb. 5-84)

Geht man von den Vorgaben der Möblierung, z. B. des meist vorhandenen Schlafzimmers aus, so lassen sich anhand von Skizzen (vgl.
Tab. 5-6 und 5-7) die sich veränderten Raumgrößen durch die unterschiedliche Anordnung von Bett (mit Kopfteil und/oder Nachttischen)
und Schrank sowie die Abhängigkeit von Raumform und Art der Möbe-
laufstellung verdeutlichen. Dabei müssen die erforderlichen Durchgangsbreiten bzw. Bewegungsflächen, z. B. vor dem Schrank, berücksichtigt

und darüber hinausgehende Platzbedürfnisse jeweils gemeinsam festgelegt werden. Diese Anforderungen sind auf die anderen Räume der Wohnung zu übertragen. (Abb. 5-85)

Eine weitere Einflussgröße auf die Grundrissgestaltung sind mobile Möbel. Sie erweitern als »ortsunabhängige Elemente«, die jederzeit frei bewegt und bei Bedarf umgruppiert werden können, die vorhandene Stellfläche ohne die notwendigen Bewegungsflächen zu verringern.

mobile Möbel

In der Küche hat der Trend zum mobilen Wohnen schon Einzug gehalten. Rollbare Einzelmodule statt starrer Einbauelemente machen aus der Küche einen variablen Raum, in dem je nach Situation die funktionalen oder die wohnlichen Aspekte überwiegen können.

Bei Bedarf kann z. B. die Tisch- oder Arbeitsfläche durch einen rollbaren Beistelltisch erweitert werden, welcher in der Bewegungsfläche aufgestellt wird und als zusätzliche Abstellfläche dienen kann (vgl. Abb. 5-86).

Abb. 5-86: Rollbarer »Beistelltisch« mit Schubladenelementen und Bügelgriff

5.5 Taktile und akustische Orientierung – Eckpunkt 5

Grundsätzlich gibt es zwei unterschiedliche Ansätze, Orientierung zu vermitteln:

Akustische Informationen und/oder **tastbare** Informationen. Unabhängig vom jeweiligen System muss aber immer das »Zwei (Mehr) Sinne-Prinzip« (z. B.: »hören – sehen«; »sehen – tasten«; optimal »sehen – tasten – hören«) angewendet werden.

Durch die Gestaltung z. B. von taktil erfassbaren Leit- und Orientierungssystemen wird sehbehinderten Menschen die selbstständige Nutzung von Stadträumen, Verkehrsanlagen, Gebäuden und komplexen Wohnanlagen ermöglicht.

Dies wird zum einen durch taktile und kontrastreiche Übersichtspläne (vgl. Abb. 5-97 und 5-86-1), kombiniert mit einem taktil erfassbaren und ebenfalls kontrastreichen Beschilderungssystem (Türschilder etc.) und Handlaufinformationen bzw. durch bauliche Elemente (Infosäulen, Geldautomaten etc.) oder taktil kontrastreiche Bodenelemente erreicht.

Abb. 5-86-1: Barrierefreier Zugang zur Bankfiliale mit seitlich angebrachter Reliefplatte (Tastreliefs für Blinde) zur räumlichen Orientierung

Die selbstständige Orientierung wird wesentlich erleichtert, wenn zusätzlich zu einer taktilen Information vertiefende Informationen in akustischer Form ausgegeben werden (vgl. Abb. 5-86-2).

Abb. 5-86-2: Informationssäule mit Sprachausgabe einschließlich baulich abgesetzt - unterfahrbar gestalteter Geldautomat - durch taktil und kontrastreiche Bodenelemente leicht erkennbar

Umsichtige Planung und Ausführung

Es zeichnet sich ab, dass Bodeninformationen als **statisches System** ausgeführt, für sehbehinderte und blinde Menschen bezogen auf den »Informationsgehalt« bei komplexen Leit-/Orientierungssystemen nicht eindeutig sind. Dadurch wird für diesen Nutzerkreis eine »eigenständige Zielauffindung« erheblich erschwert, das Leitsystem kann sogar zu erheblichen Irritationen führen. Ein Leitsystem ohne zusätzliche akustische Angabe von Zielen allein macht wenig Sinn.

Innovative Lösung aufgezeigt an einer komplexen Wohnanlage

Elektronische Systeme sollten daher taktile Bodeninformationen ergänzen bzw. vervollständigen.

Eines der Zauberwörter für eine künftig digital gestaltete Umwelt in Form von eingebauten »Funkchipwegen« könnte die in Laveno (Italien) entwickelte und bereits punktuell eingesetzte RFID-Technik (Radio Frequency Identification) als »assistive« Technologie darstellen.

Diese **assistive Technologie** versucht vorrangig, bestimmte funktionale Einschränkungen auszugleichen. Dies entspricht einer Implementierung des Konzepts des »Universal Designs«, das als gestalterischer und funktionaler Ansatz zur Entwicklung von Produkten, Dienstleistungen und Umgebung definiert wird, mit dem Ziel die Nutzung der räumlichen Umgebung für möglichst viele Menschen zu gewährleisten, ohne spezi-

assistive Technologie

elle und separierende Lösungen zu bieten, die häufig als stigmatisierend empfunden werden.

Funkchips (RFID-Chips) als elektronische Wegemarkierung könnte insbesondere sehbehindertern Menschen einen sicheren Weg zuweisen und damit ihre Mobilität erweitern. Aber auch Nichtbehinderten eröffnet die RFID-Technologie ungeahnte Möglichkeiten bei der Orientierung in unübersichtlichem Umfeld und komplexen Gebäudesystemen. Die neue Generation von Mobiltelefonen wird ohnehin Funkchips zum Einlesen von Daten haben. So können Handynutzer künftig durch das Einlesen von Daten via Funkchip z.B. in unübersichtlichen Wohnanlagen, Stadtraum etc. ohne ständig nach dem Weg fragen zu müssen etc. sich besser zurecht finden.

...Hinter der **RFID-Technik** (Radiofrequenzidentifizierung) steckt die Idee unter Verwendung von passiven Transpondern (elektronischer Datenspeicher) einen Pfad in Form von eingebauten »Funkchipwegen« zu schaffen, der u.a. sehbehinderte bzw. blinde Personen führt (vgl. Abb.5-86-3). Der Vorteil dieses »RFID Pfades« besteht darin, dass er keine elektronische Versorgung benötigt.

Abb. 5-86-3: »Funkpfad« dem Sehbehinderte mit dem Langstock folgen können (Bildnachweis: »Joint Research Centre«, JRC, Ispra Italien)

So können sich Handynutzer z.B. unter Verwendung der Bluetooth-Technologie (Weltweit standardisierter Nahbereichsfunk eines Lizens- und damit kostenfreien Frequenzbereiches; bereits in ca. 80% der im Umlauf befindlichen Handys eingebaut). künftig durch das »Einlesen von Daten via Chip« gut zurechtfinden, ohne ständig nach dem Weg fragen zu müssen. Der Benutzer wird neben seinen momentanen Standort auch auf Besonderheiten in seiner Umgebung z. B. Einkaufsmöglichkeiten, Eingänge zu öffentlichen Gebäuden, Gefährdung durch Baustellen etc. aufmerksam gemacht.

Am Beispiel einer komplexen Wohnanlage mit einer klar erkennbaren Wegeführung sowohl im Innen als auch im Außenraum bieten sich hier grundlegende Voraussetzungen die Orientierung mit dem vorbeschriebenen System bei Bedarf zu ergänzen bzw. zu optimieren.

Abb. 5-86-4: Ansicht Wohnanlage mit stufenloser Erschließung

Im Bewusstsein um die Existenz solcher Lösungen, hat man in die Norm folgende Bemerkung aufgenommen: … **»Die mit den Anforderungen nach dieser Norm verfolgten Schutzziele können auch auf andere Weise als in der Norm festgelegt erfüllt werden.«**

Hier zeigt sich, dass man bereits alternativ technologisch mögliche Lösungen kennt und diese damit den Grundsätzen zur Erreichung des Schutzziels entsprechen (vgl. Abb. 5-86-5).

Erreichung von Schutzzielen

Abb. 5-86-5: Ausführung von im Boden eingelassener Funkchips als RFID-Funkpfad

Abb. 5-86-6: Lageplan einer komplexen Wohnanlage mit Darstellung der Gebäudeeingänge zur bedarfsorientierten Ergänzung von akustischen Bodeninformationen (Funkpfad; vgl. Abb. 5-86-3 und 5-86-5) zu den bereits als Kante taktil erfassbar gestalteten Wegebegrenzungen (Bildnachweis: Institut für sozialen Wohnungsbau des Landes Südtirol)

5.6 Geometrische Anforderungen

5.6.1 Bewegungsflächen in Räumen

Angemessene Bewegungsflächen in jedem Raum und in öffentlichen Erschließungsbereichen (Treppenraum, Aufzug, Rampe) sind wichtige Voraussetzungen für eine bequeme Nutzung von Wohnung und Gebäude (vgl. Tab. 5-11).

Bewegungsflächen im Wohnungsbau werden definiert in den Normen

Planungsparameter

- DIN 18022 (Küche, Bad und WC, Hausarbeitsraum; Planungsgrundlagen für den Wohnungsbau),
- DIN 18040 Teil 2 (Barrierefreie Wohnungen; Planungsgrundlagen).

DIN Normen im Wohnungsbau

Die DIN 18022 stellt hinsichtlich der Nutzung und Ausstattung nur Mindestanforderungen dar. Bewegungsflächen, Türbreiten und Abstände zwischen Einrichtungs- und Ausstattungsteilen sind so knapp bemessen, dass sie insbesondere für ältere Menschen aufgrund von Bewegungseinschränkungen oftmals nicht nutzbar sind. Die Maßangaben beziehen sich auf fertig verputzte und verflieste Wände und nutzfertige Böden.

Wichtig ist grundsätzlich die Möglichkeit, Bewegungsflächen planerisch zu überlagern, so dass ein überhöhter Flächenbedarf vermieden wird.

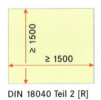

DIN 18040 Teil 2 [R]

Bewegungsfläche
DIN 18040 Teil 2

Abb. 5-87: Bewegungsflächen im barrierefreien Wohnungsbau DIN 18040

Im Vergleich der DIN 18040 Teil 2 [R] zu DIN 18040 Teil 2 wird die allgemeine Bewegungsfläche von 150 cm auf 120 cm reduziert. Diese Größe ist noch ausreichend, um mit einem »Falt-/Zimmerrollstuhl« Bewegungen zwischen Wand und Einrichtungen durchführen zu können.

Dabei ist zwar der Drehkreis des Rollstuhls um die eigene Achse eingeschränkt, aufgrund der Bewegungsmöglichkeit sowie der Geschicklichkeit des Rollstuhlbenutzers (abhängig von der Behinderung im Bereich des Oberkörpers) ist es dennoch möglich, Wendemanöver auszuführen.

Bei einem wandhängenden WC oder einem Waschbecken mit Abstand von 120 cm zur gegenüberliegenden Wand kann der Bereich unterhalb der sanitären Gegenstände noch in den Drehbereich der Bewegungsfläche einbezogen werden.

Verdeutlicht werden die notwendigen Bewegungsflächen im Raum am Beispiel Sanitärraum (Individualbereich), dem Raum mit den meisten festen Objekten und einer großen Verweildauer der unterschiedlichsten Nutzer.

Die DIN 18022 legt u.a. die Mindestabstände (Achs- und Seitenmaß) der Sanitärobjekte zu anderen Einrichtungsgegenständen bzw. Wänden, sowie die nötigen Bewegungsflächen, die zur Nutzung nötig sind, fest (vgl. Abb. 5-88).

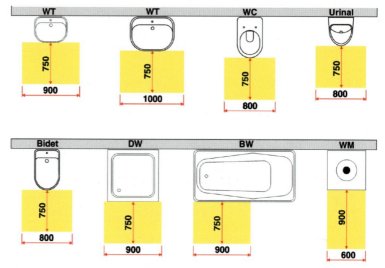

Abb. 5-88: DIN 18022 Mindestabstände vor Sanitärobjekten

Die Bewegungs- und Abstandsflächen sind im **barrierefreien Bauen** nach den Regeln und Normen einzuhalten.

Als wichtiger Anhaltspunkt hierfür gilt der Rangierplatzbedarf für Rollstühle, weshalb die Bewegungsfläche nach DIN 18025 Teil 1 (ersetzt durch DIN 18040 T2/[R] in Wohnungen für Rollstuhlbenutzer 1,50 m x 1,50 m vorsieht.

Auf die Größe der Bewegungsfläche nehmen Bewegungsabläufe und Hilfsmittel Einfluss. In folgender Tabelle werden die Bewegungsflächen nach DIN 18022 – Mindestflächen der Bewegungsflächen im Wohnungsbau – und DIN 18040 – barrierefreie Wohnungen – gegenübergestellt.

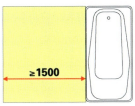

Bewegungsfläche vor Einstiegs-
seite der Badewanne

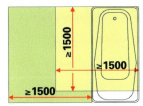

Bewegungsfläche Duschplatz;
alternativ: Badewanne

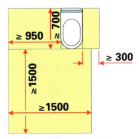

Bewegungsfläche vor und
neben dem WC, rechte oder
linke Anordnung möglich

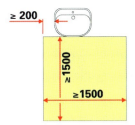

Bewegungsfläche vor dem
WT, rechte, linke oder mittige
Anordnung möglich

Abb. 5-89: Bewegungsflächen im barrierefreien Wohnungsbau nach DIN 18040
Teil 2 [R]

Tab. 5-8: Vergleich der Bewegungsflächen vor Sanitärobjekten

Bewegungsflächen im Wohnungsbau	DIN 18022 [cm]	DIN 18040 Barrierefreies Bauen Planungsgrundlagen	
		Teil 2 [R]	Teil 2
		Barrierefrei und uneingeschränkt mit dem Rollstuhl nutzbare Wohnungen	Barrierefrei nutzbare Wohnungen
vor einem Waschtisch (WT)	90 (100)/75		
vor dem WC	80/75		
vor der Dusche (DW)	90/75	≥150/150	≥120/120
vor der Badewanne (BW)	90/75		
vor der Waschmaschine (WM)	90/90		

5.6.2 Bewegungsflächen und Bewegungsraum vor Türen und Fenstern

Türen

Raumöffnungen – Türen wie Fenster – haben Auswirkungen auf die Gebrauchstüchtigkeit von angrenzenden Räumen. Insbesondere Innentüren sollten nicht ohne Bezug zu ihrer Umgebung geplant werden. Es soll-

Hinweis   ten immer die davor, daneben und dahinter liegenden Bereiche mit in die Überlegung einer späteren Nutzung einbezogen werden (vgl. Abb. 5-91).

Karusselltüren sind für Rollstuhlbenutzer nicht geeignet.

Die generelle Einhaltung von lichten Türbreiten mit 80 cm[12] (vgl. DIN 18025 Teil 2; ersetzt durch DIN 18040 Teil 2) gewährleistet, dass diese Türen gut passiert werden können. Die Anordnung von lichten Türbreiten mit ≥ 80 cm führt im Regelfall nicht zu einer Flächenvergrößerung der Wohnung. Türbreiten nach DIN 18025 Teil 1; ersetzt durch DIN 18040 Teil 2 [R] sind mit einer lichten Durchgangsbreite von > 90 cm auszulegen.

Hinweis auf Türhöhen:

Die lichte Durchgangshöhe bei Türen sollte das Maß von 2,10 m nicht unterschreiten.

Abb. 5-90: Wandöffnungen für Türen, lichte Durchgangsbreite (LB)

Für das Öffnen einer Tür muss für einen Rollstuhlbenutzer immer auf der Schlossseite eine zusätzliche Fläche ausgewiesen werden (vgl. Abb. 5-91). Weiterhin müssen die Bewegungsflächen vor Türen eine ausreichende Tiefe besitzen, um für den nötigen Bewegungsablauf der Rollstuhlbenutzer den erforderliche Freiraum zu schaffen (vgl. Abb. 5-95).

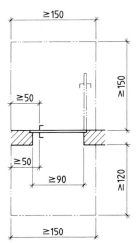 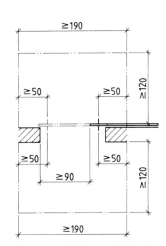

Bewegungsfläche vor Drehflügeltüren   Bewegungsfläche vor Schiebetüren

Abb. 5-91: Bewegungsflächen vor Türen (vgl. DIN 18040)

---

12 Rollstuhlabmessungen, vgl. Höfs/Loeschcke, 1981, S. 39 [1]: »Nahezu 90 % aller im Gebrauch befindlichen Rollstühle sind schmaler als 66 cm und mehr als 90 % schmaler als 70 cm. Etwa 85 % aller Rollstühle sind kürzer als 110 cm, nahezu 90 % sind kürzer als 115 cm, während mehr als 99 % kürzer als 120 cm sind.«

Bei eingeschränkten Platzverhältnissen, insbesondere beim Bauen im Bestand, bietet sich eine Raumspartürlösung an. Die Raumspartür öffnet einseitig und dreht dabei lediglich 1/3 der gesamten Türblattbreite in den Raum (Bewegungsfläche) auf (vgl. Abb. 5-92).

Raumspartür

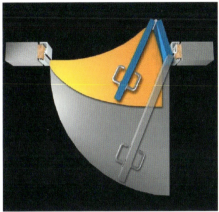

Abb. 5-92: Raumspartür in Grundriss und Ansicht

Schiebetür

In der Wand laufende Schiebetüren sind bekanntlich Platzsparer (vgl. Abb. 5-93 und 5-94). Sie verbinden Räume, ohne dass Türblätter den Weg versperren. Elegante Lösungen in Kombination mit Leichtbauwänden, in deren Wandhohlraum die Schiebetürkonstruktion unsichtbar verschwindet, sprechen für dieses System.

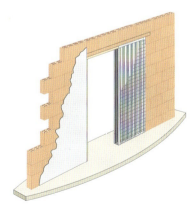

Abb. 5-93: Einbau in Ständerwände

Abb. 5-94: Einbau in Mauerwerk mit verputzten Wände

Abb. 5-95: Bewegungsablauf beim Öffnen und Schließen einer Schiebetür

Tab. 5-9: Vergleichende Betrachtung des Raumbedarfs verschiedener Türarten

Barrierefreier Bewegungsraum als Zielfunktion	Drehflügeltür	Raumspartür	Schiebetür
Bau-/ Planungs- aufgabe: Grundsätzlich sind für Neu-/ Umbauten Türen zu wäh- len, die von allen Personen- gruppen weitge- hend selbständig bedienbar sind.	In der **Regel** wer- den Drehflügel- türen eingebaut. In geöffnetem Zustand wird der Bewegungsraum und/oder die Stellfläche vor der Tür einge- schränkt.	Die Raumspartür System Küffner RST weist durch ihre besondere Technik einen geringen Aus- schwenkbereich auf. Der Rollstuhlbenutzer kann zum Öffnen der Türe weitgehend in seiner Position verbleiben. Bei der lichten Durchgangs- breite ist das in der Laibung stehende Tür- blatt zu berücksichtigen.	Vergrößert den Wohnraum – kein Platzverlust durch Aktionsradien her- kömmlicher Drehflü- geltüren. Die Wand davor kann als Stell- fläche genutzt wer- den. Sie erlauben die flexible Gestal- tung von Räumen.
Umsetzung:			
Empfehlung: Als Alterna- tive zur Dreh- flügeltür gelten Schiebe- und Raumspartür.	Die unter dem Aspekt der **Zugänglichkeit** geeignetste Türart ist die automatische Schiebetüre.		

Barrierefreier Bewegungsraum als Zielfunktion Drehflügeltür Raum- spartür Schiebetür

Bau-/Planungsaufgabe:

Grundsätzlich sind für Neu-/ Umbauten Türen zu wählen, die von allen Personengruppen weitgehend selbständig bedienbar sind.

In der **Regel** werden Drehflügeltüren eingebaut. In geöffnetem Zustand wird der Bewegungsraum und/oder die Stellfläche vor der Tür eingeschränkt.

Die Raumspartür System Küffner RST weist durch ihre besondere Technik einen geringen Ausschwenkbereich auf. Der Rollstuhlbenutzer kann zum Öffnen der Türe weitgehend in seiner Position verbleiben. Bei der lichten Durchgangsbreite ist das in der Laibung stehende Türblatt zu berücksichtigen.

Vergrößert den Wohnraum – kein Platzverlust durch Aktionsradien herkömmlicher Drehflügeltüren. Die Wand davor kann als Stellfläche genutzt werden. Sie erlauben die flexible Gestaltung von Räumen.

Umsetzung:
Empfehlung:

Als Alternative zur Drehflügeltür gelten Schiebe- und Raumspartür.
Die unter dem Aspekt der **Zugänglichkeit** geeignetste Türart ist die automatische Schiebetüre.

Fenster beeinflussen durch Form, Gliederung und Größe, durch Lage, Anordnung und Baustoff entscheidend den Baukörper und Innenraum. Sie müssen für ausreichenden Lichteinfall und Lüftung sorgen. Weiterhin sind Leichtgängigkeit, gute Bedienmöglichkeit und leichte Reinigung wichtig. Fenster übernehmen auch Aufgaben wie Sonnen- und Schallschutz. *Fenster*

Nach DIN 18040 sollen Brüstungen eine Höhe von 60 cm nicht überschreiten, um ein Heraussehen in sitzender Position zu ermöglichen.

Allgemein üblich sind in Wohnräumen:

40–60 cm für den Ausblick im Sitzen und für eine bessere Verbindung zur Natur. Bei öffenbaren Fenstern ist eine Absturzsicherung vorzusehen.

Tab. 5-10: Vergleichende Betrachtung des Raumbedarfs verschiedener Fensterarten

Barrierefreier Bewegungs- raum als Ziel- funktion	Drehkippflügel- fenster	Schwingflügel- fenster	Schiebe- fenster
Bau/ Planungs- aufgabe: Grundsätzlich sind für Neu-/ Umbauten Fenster zu wählen, die von allen Personen- gruppen weitgehend selbstständig bedienbar sind.	In der **Regel** werden Drehkippflügel- oder Drehflügelfenster eingebaut. In geöff- netem Zustand wird der Bewegungsraum und/oder die Stellflä- che vor dem Fenster eingeschränkt.	Das Drehen des Fensters um 180° ermöglicht die leichte Reinigung der Fen- steraußenseite. In geöffnetem Zustand kein Aussichtsfens- ter. Aufsteigende Luftströmung (Gerü- che und Geräusche) auf der Hauswand kann bei geöffnetem Fenster in das Zim- mer geleitet werden.	Das Horizontal- fenster, auch als waagerechtes Schie- befenster bekannt, ist sowohl für Rollstuhl- benutzer als auch für Blinde am besten geeignet, da die Belüftungs schlitze beliebig groß einstell- bar sind, es eine leichte Bedienbarkeit hat und im geöffneten Zustand nicht in den Raum hinein steht.

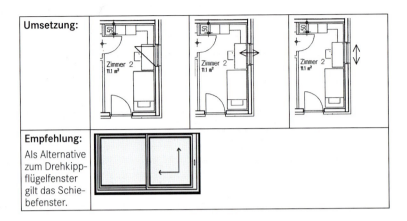

Umsetzung:	
Empfehlung: Als Alternative zum Drehkipp-flügelfenster gilt das Schie-befenster.	

Fensterarten

Bei den üblichen Raumhöhen im Wohnungsbau von 2,50 m bis 2,75 m ist häufig der Einbau von Drehflügelfenstern/Drehkippflügelfenstern wahr-zunehmen. Bauartbedingt erfordert diese Art der Fensterausbildung im geöffneten Zustand eine Raumtiefe (abhängig von der Fensterflügel-größe), die den Bewegungsraum und damit verbunden die Stellfläche ein-schränken kann (vgl. Tab. 5-10).

Erreichbar- und Bedienbarkeit

Aus empirischen Untersuchungen geht hervor, dass bei erwachsenen Men-schen die Höhe der Fingerspitzen bei hängenden Armen und im Stehen bei durchschnittlich etwa 73–75 Zentimetern liegt. Erwachsene können daher immer in 85 Zentimeter Höhe angebrachte Bedienungselemente erreichen.

Zu den Bedienungselementen zählen unter anderem Schalter, Steck-dosen, Tasten, Raumthermostate, Toilettenspüler, Türdrücker, Bedie-nungselemente automatischer Türen.

Vorteil

Gehbehinderte Personen müssen ihre Gehhilfen nicht anheben. Roll-stuhlfahrer mit Mobilitätseinschränkungen im Oberkörper und im Greif-bereich können problemlos, den Arm teilweise sogar auf der Armlehne liegend, die Greifhöhe von 85 Zentimeter bewältigen.

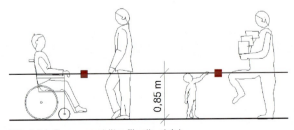

Abb. 5-96: Bewegungshöhe für alle gleich

Tab. 5-11: Übersicht von Bewegungsflächen nach DIN 18040

Empfehlung zur Ausführung von Bewegungsflächen [Planungsgrundlagen] Greifhöhe und Flächenbedarf	Teil 2 Barrierefrei nutzbare Wohnungen	Teil 2 [R] Barrierefrei und uneingeschränkt mit dem Rollstuhl nutzbare Wohnungen
Grundsätzliche Greif-/Bedienhöhe von Bedienungselementen	85 cm	
Bewegungsflächen im Wohnumfeld mit Richtungsänderung		
auf Wegen zum Haupteingang	≥ 150 cm x 150 cm	
am Anfang und Ende von Rampen		
vor Briefeinwürfen, Ruf-und Sprechanlagen		
Bewegungsflächen im Wohngebäude mit Richtungsänderung		
auf Fluren, Drehflügeltüren (Öffnungsseite), Türen mit gegenüberliegenden Wand	≥ 150 cm x 150 cm	
Warteflächen vor Aufzugtüren		
am Anfang und Ende von Rampen		
vor Bedienelementen		
Durchgänge, Türen, Aufzugstüren	≥ 90 cm	
Bewegungsflächen in der Wohnung		
Wohn-, Schlafräume und Küchen	≥ 120 cm x 120 cm	≥ 150 cm x 150 cm
vor WC-Becken, Waschtisch, Badewanne		
auf dem Freisitz		
auf einer Seite des Bettes	≥ 120 cm Mindesttiefe	≥ 150 cm Mindesttiefe
vor sonstigen Möbeln	≥ 90 cm Mindesttiefe	
vor Kücheneinrichtungen (Anordnung über Eck empfohlen)	≥ 120 cm Mindesttiefe	
Flure	≥ 120 cm Mindestbreite	
Durchgang, Türen	≥ 80 cm	
Ein Anspruch auf Vollständigkeit wird nicht erhoben		

5.7 Sensorische Anforderungen

Die bisherig wichtigsten Planungsgrundlagen zum Barrierefreien Bauen DIN 18024 und DIN 18025 befassten sich im Wesentlichen mit Vorgaben zu geometrischen Anforderungen, der Anordnung von Bauelementen bzw. Ausstattungsgegenständen. Da wurden z. B. genannt:

Abmessungen von Bewegungsflächen, Steigungen von Rampen etc. In ganz geringem Maße wurden in diesen Normen bisher sensorische Anforderungen (Sehen, Hören oder Tasten) für Menschen mit sensorischen Einschränkungen berücksichtigt. Mit der neuen Norm DIN 18040 werden erstmals diese bedarfsgerechten Anforderungen, unterteilt in

- **visuelle Anforderungen** [durch Sehen] z. B. Schriftgrößen, Leuchtdichte und Kontraste
- **taktile Anforderungen** [durch Fühlen, Tasten] z. B. ertastbare Piktogramme, Profilschrift und Zeichen-,
- **auditive Anforderungen** [durch Hören] z. B. optisches Anzeigen der Hörbereitschaft der Gegenseite

wahrnehmbar gestaltet.

Durch die festgelegten Schutzziele der neuen Norm DIN 18040 erhalten Menschen mit sensorischen Behinderungen Orientierungs- und Kommunikationsmöglichkeiten, die ihnen eine sichere und selbständige Nutzung von komplexen Gebäudeanlagen bzw. Gebäuden durch, differenzierte Wegesystemen ermöglichen. Damit alle Informationen zur Wegeführung, Erschließung (z. B. Hauskommunikationssysteme, Aufzüge) und Sicherheit (z. B. Notruf- oder Gefahrenmeldeanlagen, Rettungswege) auch von Menschen mit sensorischen Einschränkungen erkannt werden können, sind mindestens zwei der drei Sinne Sehen, Hören oder Tasten anzusprechen.

Daraus ergeben sich weitere Anforderungen:

- Taktile und akustische Informationsgestaltung mit Leitfunktionen
- Taktile und akustische Informationsgestaltung mit Entscheidungsfunktionen
- Kontrastreiche Gestaltung zum Umfeld

als geschlossene Informationskette vom Start- zum Endpunkt und dies kurz, exakt und übersichtlich.

Abb. 5-97 – 5-100 visuelle, taktile und auditive gestaltete Orientierungssysteme (Bild-nachweis: I.L.I.S/VzFB. Hannover)

Übersichtplan

Türbeschilderung

Handlaufinformation

Leitlinien

6 Praxisorientierte Lösungen und Details der Bauelemente

In diesem Kapitel werden praxisorientierte Lösungen und Details von Bauelementen in Form einer Leistungsbeschreibung vorgestellt. Die Angaben beziehen sich auf Bauart, Bauteil, Baustoff und Abmessungen für den Herstellungsvorgang und -ablauf einer Leistung bis zu ihrer Fertigstellung.

Für die Planungspraxis muss beachtet werden, dass sich beim Heranziehen relevanter Vorschriften und Normen Widersprüche ergeben können. Eine genaue Kenntnis der rechtsverbindlichen Vorschriften und Normen ist deshalb erforderlich.

Mit der Leistungsbeschreibung ist beabsichtigt, die barrierefreien Aspekte herauszustellen und aufzuzeigen, dass es sich hierbei nicht um Sonderlösungen mit Sonderelementen handelt, die nur Personen mit einem Handicap vorbehalten sind.

Die Bauelemente wurden so gewählt, dass sie einerseits den in Kapitel 7 aufgeführten Beispielen und andererseits den in der Einleitung (Kapitel 1) genannten Eckpunkten zugeordnet werden können.

Die jeweilige Leistungsbeschreibung wird eingeführt mit:

Los: Zuordnung Beispiel (Kapitel 7)/Zuordnung Grundlagen
            Planung (Kapitel 5)
Titel: beschriebenes Bauelement
Gewerk: Bezeichnung der unterschiedlichen Leistungsbereiche (LB)
            nach dem Standardleistungsbuch für das Bauwesen (StLB)
Eckpunkt: Zuordnung Eckpunkt (vgl. Kapitel 1).

Daran anschließend erfolgen Allgemeine Erläuterungen, Technische Vorbemerkungen und die Leistungsbeschreibung. Zur Leistungsbeschreibung gehören das Aufschlüsseln in Positionen, die Zulagen und das Aufzeigen von Grafiken und Zeichnungen.

6.1 Erschließungselemente

6.1.1 Treppen

Los: Geschosswohnungsbau/Neubau/Gebäudeerschließung
Titel: Rohbau- und Ausbauarbeiten/Treppe
Gewerke: 013 Beton- und Stahlbetonarbeiten
            015 Betonwerksteinarbeiten
            027 Tischlerarbeiten
Eckpunkt: Stufenlose Erschließung

Allgemeine Vorbemerkung

Auf der Grundlage der Kapitel 5.1/7.2.1 – Gebäudeerschließung/öffentlicher Wohnungsbau wird eine geradläufige Treppe als Betonfertigteiltreppe (Fertiglauftreppe) im Geschosswohnungsbau beispielhaft ausgeschrieben. Besonderes Augenmerk wird hierbei auf die Art des Treppenlaufs, die Treppenlaufbreite, die Anforderungen an Kontrast und Rutschsicherheit des Treppenbelags sowie den Handlauf gelegt.

Technische Vorbemerkungen

Leistungsumfang

Die Leistung des Auftragnehmers (AN) umfasst sämtliche Leistungen, die zur Erstellung der Treppe erforderlich sind.

Vorschriften

Zu berücksichtigen sind jeweils in der neuesten Fassung:

- Unfallverhütungsvorschriften
- die Bauordnung des Bundeslandes
- feuerpolizeiliche Auflagen
- die relevanten DIN- Normen[13].

Hinweis

Im Gegensatz zur ZH 1/113 (Merkblatt für Treppen) sind Stufenunterschneidungen unzulässig.

Zur Ausführung kommt eine Treppe mit folgendem Mustertext:

---

13 Unter Berücksichtigung der Schutzziele bezogen auf die Ausführung der Treppenanlage gilt DIN 18040, Teil 2 Barrierefreies Bauen – Planungsgrundlagen (in Hessen n.n. als technische Baubestimmung eingeführt) als vereinbart.

Leistungsbeschreibung

Der Anwender dieses Leistungsverzeichnis (LV)-Vorschlags hat die Pflicht, die Vollständigkeit der Positionen und die Eignung für die jeweilige Anwendung zu prüfen.

Position 1

Treppenlauf:
als Fertigteiltreppe entsprechend der Zeichnung herstellen
Material: Stahlbeton B 25
Ausführung: glatt/Sichtbeton
Lauf: gerade
nutzbare Laufbreite: ≥ 1,00 m
Plattendicke: 18 cm

Stufen:
15 Stg.
Steigungsverhältnis: 18,7 cm/26 cm

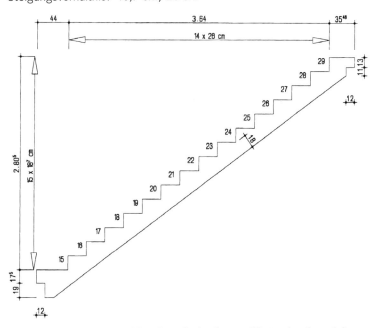

Abb. 6-1: Schnitt Treppenlauf Stahlbetonfertigteiltreppe (Platte mit aufgesattelten Stufen nicht maßstäblich)

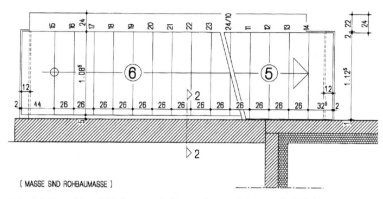

[MASSE SIND ROHBAUMASSE]

Abb. 6-2: Grundriss einläufige gerade Fertigteiltreppe (nicht maßstäblich)

Trittschalldämmung:
Auflagerung mit trittschalldämmenden Lagern (Tronsolen) aus Elastomer-auflagern mit anschließender PE-Schaumstoffplatte als trittschalltechnische Trennung zwischen Fertigteillauf und Podestplatte; Trittschallverbesserungsmaß von bis zu L'w = 28dB und Trittschallschutzmaß TSM = 33dB (erforderliche Feuerwiderstandsklasse von F90)
Schallbrückenfreie Fugenausbildung zwischen Platte und Wand durch die Anordnung einer offenen Fuge oder einer Trennung mittels einer Fugenplatte

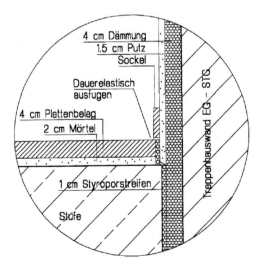

Abb. 6-3: Trennung Treppenlauf – Treppenhauswand mittels Fugenplatte

Belag:
aus Naturstein, Granit hell auf vorhandenen Betonlauf verlegen, Plattendicke ca. 4 cm, Konstruktionshöhe 8 cm

Zulage:
Als Zulage Stufenkanten kontrastreich mit aufgeklebten Sicherheitsstreifen in rutschhemmender Ausführung in Signalfarbe »rot« im An-
und Austritt kennzeichnen, sonstige Stufen mit Sicherheitsstreifen
»schwarz« (Antirutschbelag)

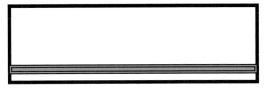

Abb. 6-4: Stufe mit aufgeklebtem Sicherheitsstreifen kontrastreich abgesetzt.

Position 2

Handlauf:
beidseitiger Handlauf aus versiegeltem Hartholz (u.a. Vermeidung elek-
trostatischer Aufladung) mit einem Durchmesser von 3,5 cm (Mindest-
abstand zur Wand von 5 cm) liefern und anbringen.
Der innere Handlauf ist in 85 cm Höhe 30 cm waagerecht über den
Anfang und das Ende der Treppe hinaus zu führen. Anfang und Ende des
Treppenlaufes sind durch kontrastreiche Handlaufmarkierungen kenntlich zu machen.

6.1.2   Rampen

Los: Geschosswohnungsbau/Umbau/Gebäudeerschließung
Titel: Ausbauarbeiten/Rampe
Gewerk: 017 Stahlbauarbeiten
               031 Metallbauarbeiten, Schlosserarbeiten
Eckpunkt: Stufenlose Erschließung

Allgemeine Vorbemerkung

Auf der Grundlage der Kapitel 5.1/7.2.2 – Gebäudeerschließung/öffent-
licher Wohnungsbau wird eine Rampe aus Stahl für die Erschließung
eines Mehrfamilienhauses beispielhaft ausgeschrieben. Besonderes
Augenmerk liegt hierbei auf der neuen Lage der Rampenanlage und der
Konstruktion/Gestaltung. Hinweis: Eine baufällig gewordene Holzrampe
mit Gummibelag wird gegen eine Stahlrampe ausgetauscht.

Abb. 6-5: Vorhandene Eingangssituation mit Holzrampe neben der Eingangstür (Bestand)

Technische Vorbemerkungen

Leistungsumfang

Die Leistung des Auftragnehmers (AN) umfasst sämtliche Leistungen, die zur Erstellung der Rampenanlage erforderlich sind. Ausgenommen sind nur »bauseitige Leistungen«[14].

Vorschriften

Zu berücksichtigen sind jeweils in der neuesten Fassung:

* Unfallverhütungsvorschriften
* die Bauordnung des Bundeslandes
* die relevanten DIN-Normen[15].

Zur Ausführung kommt eine Rampe mit folgendem Mustertext:

Leistungsbeschreibung

Der Anwender dieses Leistungsverzeichnis-Vorschlags hat die Pflicht, die Vollständigkeit der Positionen und die Eignung für die jeweilige Anwendung zu prüfen.

---

14 u.a. Herstellung der Fundamente und Treppenauflagerung im vorhandenen Podestbereich

15 Unter Berücksichtigung der Schutzziele bezogen auf die Ausführung der Rampenanlage gilt DIN 18040, Teil 2 Barrierefreies Bauen – Planungsgrundlagen (in Hessen n.n. als technische Baubestimmung eingeführt) als vereinbart.

Position 1

Rampe
Material:
Stahl St. 37.2

Ausführung:
Die Abmessungen sind der Beschreibung zu entnehmen.
Rampenanlage nach Zeichnung anfertigen mit einer max. Steigung von
≤8 % (Bauen im Bestand; Abweichung gegenüber DIN mit Auftraggeber
schriftlich vereinbart!), frei Verwendungsstelle liefern und an das Haupt-
eingangspodest fachgerecht anschließen (Streifenfundament bauseits
vorhanden)

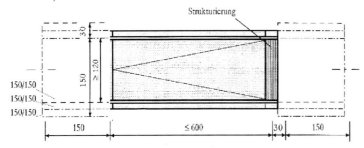

Abb. 6-6: Stahlrampe mit erforderlichen Abmessungen

Die Anlage besteht aus einer 1,20 m breiten und 6,00 m langen Ram-
penfläche.
Am Antritt der Anlage ist eine waagerechte ca. 0,30 m x 1,50 m große
Übergangsfläche im Anschluss an die Bewegungsfläche anzuordnen,
die u.a. als Abschluss für die senkrechten Handlaufenden dient.
Der Gesamthöhenunterschied beträgt ca. 0,50 m.
Die Tragkonstruktion besteht aus folgenden warmgewalzten rundkanti-
gen Stahlprofilen (Stab- und Formstahl nach DIN 1024, 1028 und 1029):

Wangen	U-Stahl 180/70/8 mm
Radabweiser	L-Stahl 150/100/10 mm
Wangenverbinder	T-Stahl 50/50/6 mm
Wangenstützen	U-Stahl 140/60/7 mm mit angeschweißten
	Fußplatten 200/150/10 mm.

Die Rampenfläche erhält eine rutschhemmende feuerverzinkte Ein-
press-Gitterrostabdeckung, Maschenweite 30/10 mm mit profilierten
Trag- und Verbundstäben.

Abb. 6-7: Gitterrostabdeckung

Bei der Tragstabbemessung ist eine Verkehrslast von 3,5KN/m² zugrunde zu legen.

Position 2
Geländer

Die Geländerkonstruktion ist wie folgt herzustellen:

Senkrechte Stützen
im Abstand von ca. 10 mm je zwei Stück nebeneinander angeordnete Flachstähle 40/12 mm, oben und unten im Winkel 45° abgeschnitten, mit angeschweißten Fußplatten 130/60/10 mm zu den Radabweiser-Winkelprofilen herstellen.

Handlauf
beidseitig auf 85 cm Höhe, V2A Rundrohr, Durchmesser 38 mm (mit Kunststoffummantelung), mit abgewinkelten, sich verjüngenden, angeschweißten V2A-Flachstahlankern d = 10 mm, l = 120 mm.

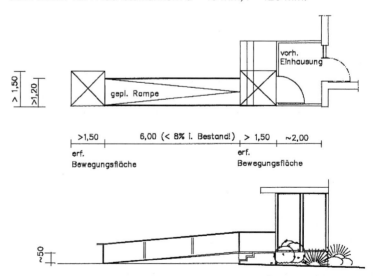

Abb. 6-8: Zeichnung: geplante Rampe direkt vor der Hauseingangstür (nicht maßstäblich)

Die erforderliche Absturzsicherung erfolgt durch drei übereinander angeordnete, die Stützen mittig durchdringende V2A-Drahtseile, Durchmesser 5 mm. Sämtliche Schnittkanten sind zu brechen, Grate o. Ä. zu beseitigen und Schweißnähte einwandfrei zu verschleifen.
Die gesamte Anlage ist in Einzelteilen feuerzuverzinken (außer Handlauf
und Drahtseile) und vor Ort mittels Schraubverbindungen zu montieren.
Es dürfen ausschließlich nichtrostende Verbindungsmittel (Schrauben,
Muttern, Unterlegscheiben etc.) aus Edelstahl zur Ausführung kommen.

6.1.3 Aufzüge

Los: Geschosswohnungsbau/Neubau/Gebäudeerschließung
Titel: Ausbauarbeiten/Aufzug
Gewerk: 069 Aufzüge
Eckpunkt: Stufenlose Erschließung

Allgemeine Vorbemerkung

Aufgrund der föderalen Struktur in der Bundesrepublik gibt es 16 unterschiedliche Landesbauordnungen, die sich allerdings gemeinsam an der
Musterbauordnung (MBO) orientieren. Der Einbau eines Aufzuges wird
überwiegend dann vorgeschrieben, wenn Gebäude mit mehr als fünf Vollgeschossen ausgeführt werden (vgl. Kapitel 5.1, Tabelle 5-4).

Auf der Grundlage der Kapitel 5.1/7.2.1 – Gebäudeerschließung/
öffentlicher Wohnungsbau wird ein Aufzug nach EN 81-1 beispielhaft ausgeschrieben. Besonderes Augenmerk liegt hierbei auf den Maßen und
der Ausstattung des Fahrkorbs.

Technische Vorbemerkungen

Leistungsumfang

Die Leistung des Auftragnehmers (AN) umfasst sämtliche Leistungen, die
zur Erstellung der betriebsfähigen Anlage und zur Erfüllung der behörd-
lichen Auflagen erforderlich sind. Ausgenommen sind nur »bauseitige Leistungen«[16].

Unterlagen

Der AN erstellt folgende Unterlagen:

* Anlagenzeichnungen
* Schalt- und Stromlaufpläne
* Unterlagen für die behördliche Abnahme.

---

[16] u.a. Lieferung verbindlicher Baupläne für die Auftragsbearbeitung

Die Anlagenzeichnungen für die Fahrschächte und den Maschinenraum sind innerhalb von vier Wochen nach der Auftragserteilung und nach Vorlage der Baupläne zu erstellen. Sie sind vom Auftraggeber (AG) oder seinem Vertreter zu genehmigen, bevor mit der Fertigung des Materials begonnen werden darf.

Vorschriften

Zu berücksichtigen sind jeweils in der neuesten Fassung:

- Unfallverhütungsvorschriften
- die Bauordnung des Bundeslandes
- feuerpolizeiliche Auflagen
- die Verordnung über die Errichtung und den Betrieb von Aufzugsanlagen (AufV)[17]
- Sicherheitsregeln für die Konstruktion und den Einbau von Aufzügen DIN EN 81
- die Europäische Aufzugsrichtlinie (95/16/EG)
- das Gesetz zur elektromagnetischen Verträglichkeit (EMVG)
- die relevanten VDE-Bestimmungen
- die relevanten VDI-Richtlinien
- die relevanten DIN-Normen.

Zur Ausführung kommt ein Aufzug mit folgendem Mustertext:

Leistungsbeschreibung

Der Anwender dieses Leistungsverzeichnis-Vorschlags hat die Pflicht, die Vollständigkeit der Positionen und die Eignung für die jeweilige Anwendung zu prüfen.

Position 1

Aufzug nach EN 81-1 (Seilaufzug) komplett betriebsbereit, mit allen Unterlagen, mit folgender Kabinenausführung:

Kabine aus verzinktem, 2 mm starkem Stahlblech, in Abkantbauweise hergestellt; Kabinenwände strukturlackiert, Farbe nach Wahl (blendfrei), Decke weiß lackiert; Beleuchtung indirekt hinter abgehängter Blechdecke; Kabinentüren in Edelstahl, Be- und Entlüftung der Kabine durch unauffällig angeordnete Schlitze, im unteren und oberen Bereich der Kabinenwände.
Fußboden abgesenkt um 25 mm für bauseitigen Steinbelag. Zugangssicherung über Lichtvorhang, Standanzeiger über dem Zugang.

---

17 vgl. Abschnitt III der Betriebssicherheitsverordnung

Die Steuerung muss eine Einstellung der Offenhaltezeit der Tür ermöglichen (üblicherweise zwischen zwei Sekunden und zwanzig Sekunden), um sie den Bedingungen des Einbauorts anzupassen. Steuerung als Einknopf-Sammelsteuerung, richtungsunempfindlich. Drucktaster für den Notruf, Etagenstand- und Weiterfahranzeige mit akustischer Ansage. Außentaster mit Anholdrucktaster und eingebauter Leuchtdiode als Rufquittung.

Technische Daten:

Tragkraft:	630 kg oder 8 Personen
Förderhöhe:	siehe Baupläne (Schnitt)
Haltestellen:	5
Türart:	Teleskoptür 2-teilig einseitig öffnend
Lichte Zugangsbreite:	≥900 mm
Fahrkorbabmessungen:	lichte Breite 1100 mm
	lichte Tiefe 1400 mm
	lichte Höhe 2150 mm
	(Unterkante abgehängte Decke)

Nenngeschwindigkeit (m/s):   0,6

Weitere Angaben sind dem beiliegenden Grundriss und Schnitt zu entnehmen.

Die vorgeschriebene Abnahmeprüfung wird vom AN veranlasst.

Bedarfspositionen
Weitere Einrichtungen im Fahrkorb

* Notrufwählgerät zur Aufschaltung auf das zentrale Notrufleitsystem des AN
* Waagerechtes Bedienpult (vgl. Muster Bedienpult, Abb. 6.11) mit zusätzlicher Kennzeichnung in Brailleschrift als Ersatz für das Standardtableau
* Handlauf aus Holz an mindestens einer Seitenwand des Fahrkorbs
* Klappsitz
* Spiegel aus Sicherheitsglas zur Orientierung an der Rückwand

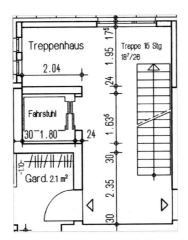

Abb. 6-9: Grundriss Ausschnitt Treppenhaus mit Darstellung von Aufzug und Treppe (nicht maßstäblich)

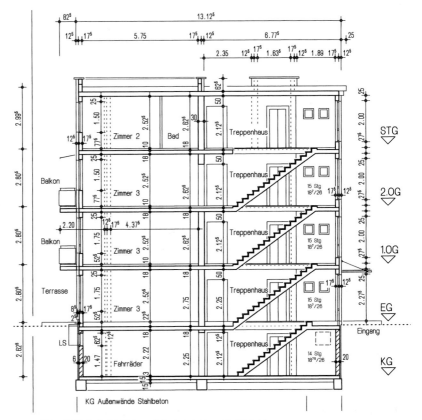

Abb. 6-10: Schnitt Wohngebäude (nicht maßstäblich)

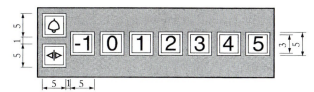

Abb. 6-11: Muster Bedienpult [9] mit Größe der Bedienungselemente und Ziffern (erhabene Tastenzahlen und -zeichen, die sich taktil ertasten lassen).

6.2 Niveaugleiche Türschwellen zu Balkonen, Terrassen und Loggien

Los: Einfamilienhaus/Neubau/Türschwelle zwischen Wohnung und Terrasse
Titel: Ausbauarbeiten/Balkon
Gewerk: 018 Abdichtung gegen nichtdrückendes Wasser
            027 Tischlerarbeiten
Eckpunkt: Niveaugleiche Türschwellen

Allgemeine Vorbemerkung

Nach DIN 18195, Teil 5 sowie nach den »Flachdachrichtlinien« gelten barrierefreie Übergänge als Sonderkonstruktionen. Sie sind daher zwischen Planer und Ausführenden zu koordinieren. Bei barrierefreien Übergängen wird die nach den Regeln der Technik geforderte Höhe für die Oberkante der Abdichtung gravierend unterschritten. Deshalb ist eine rückstaufreie Entwässerung durch Drainroste und eine Drainschicht zwingend erforderlich.

Auf der Grundlage der Kapitel 5.2/7.1.1 – Niveaugleiche Türschwellen/Privater Wohnungsbau kommen niveaugleiche Türschwellen (zwei Systeme) mit höhenverstellbarem Drainrost beispielhaft zur Ausschreibung. Besonderes Augenmerk wird hierbei auf die Abdichtung gegen das Eindringen von Wasser gelegt.

Technische Vorbemerkungen

Leistungsumfang

Die Leistung des Auftragnehmers (AN) umfasst sämtliche Leistungen, die zur Erstellung der Arbeiten erforderlich sind. Ausgenommen sind nur »bauseitige Leistungen«[18].

---

18 u.a. die Herstellung der erforderlichen Abdichtung/Isolierung auf der vorhandenen Konstruktion.

Vorschriften

Zu berücksichtigen sind jeweils in der neuesten Fassung:

- Unfallverhütungsvorschriften
- die Bauordnung des Bundeslandes
- die relevanten DIN- Normen[19].

Zur Ausführung kommen niveaugleiche Türschwellen mit folgendem Mustertext:

Leistungsbeschreibung

Der Anwender dieses Leistungsverzeichnis-Vorschlags hat die Pflicht, die Vollständigkeit der Positionen und die Eignung für die jeweilige Anwendung zu prüfen.

Position 1

Höhenverstellbarer Drainrost

barrierefreie Drainroste mit Stahlrahmen und Gitterrostauflage für die rückstaufreie Abführung von Oberflächen- und Sickerwasser, für den festen Einbau in Belägen mit Estrich, feuerverzinkt, mit vier drehbaren gummikaschierten Füßen, stufenlos belagsbündig höhen-, sowie rampenartig schräg verstellbar, mit Schmutzgitter zwischen Gitterrost – Maschenweite 30/10 mm – und Rahmen als schwellenfreier/stufenloser Belagsanschluss zu Außentüren liefern und fachgerecht einbauen.

Abb. 6-12: Detail höhenverstellbarer Drainrost

---

19 Unter Berücksichtigung der Schutzziele bezogen auf die Ausführung des Türanschlusses mit Drainrost gilt DIN 18040 Teil 2: Barrierefreies Bauen - Planungsgrundlagen (in Hessen n.n. als technische Baubestimmung eingeführt) als vereinbart.

Position 2

Magnetschienenschwelle

Magnet-Türdichtungssystem mit thermischer Trennung für Hauseingangstür liefern und gemäß Einbauanleitung des Herstellers funktionsgerecht montieren.

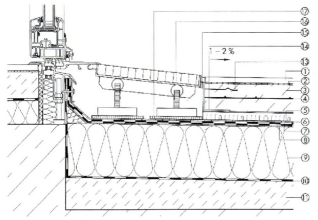

1. Fliesen- oder Plattenbelag
2. Dünnbettmörtel bzw. Kontaktschicht
3. Zementestrich als Lastverteilungsschicht
   (mind. 50 mm)
4. nichtstatische Bewehrung
5. Drainagematten (8 oder 16 mm), Lamellen in Gefäl-
   lerichtung verlegt
6. Trennlage (wie durch Richtlinie vorgegeben)
7. Abdichtung nach DIN 18 195(Teil 5
8. wenn erforderlich: Dampfdruckausgleichsschicht
9. Wärmedämmung
10. Dampfsperre
11. Gefälleverbundestrich
12. Stahlbetondecke
13. Mörtelanker
14. Lochwinkel auf Drainage
15. Fugenband SL
16. Drainrost (20 oder 30 cm), Neigungswinkel ver-
    stellbar
17. Lastverteilungs-Unterlage, mind. 100/100/5 mm

Abb. 6-13: Barrierefreier Türanschluss mit Drainrost

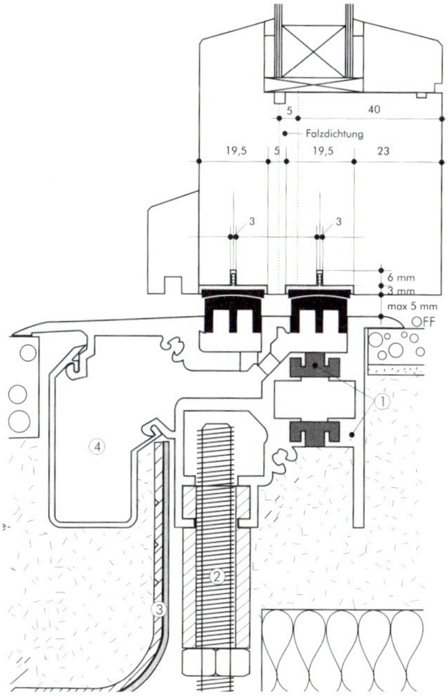

Abb. 6-14: Detail Magnettürdichtungssystem mit thermischer Trennung

Position 3

Höhenverstellbarer Drainrost

Ausführung wie Position 1
Barrierefreier Türanschluss mit thermischer Trennung für Balkontür liefern und gemäß Einbauanleitung des Herstellers funktionsgerecht herstellen.

1. Fliesen- oder Plattenbelag
2. Dünnbettmörtel bzw. Kontakt-schicht
3. Zementestrich als Lastvertei-lungsschicht (mind. 50 mm)
4. nichtstatische Bewehrung
5. FE-Drainagematten (8 oder 16 mm), Lamellen in Gefälle-richtung verlegt
6. Trennlage (wie durch Richtlinie vorgegeben)
7. Abdichtung nach DIN 18 195, Teil 5
8. Balkonkragplatte im Gefälle
9. Drainrost (20 oder 30 cm), Neigungswinkel verstellbar
10. Fugenband SL
11. Lochwinkel auf Drainage
12. Mörtelanker
13. Schutzplatte

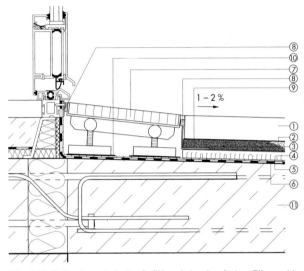

Abb. 6-15: Balkonkragplatte im Gefälle mit barrierefreiem Türanschluss mit Drainrost

6.3   Individualbereich Bad

6.3.1 Barrierefreies Bad – Duschboden

Los: Geschosswohnungsbau/Neubau/Individualbereich
            Bad
Titel: Ausbauarbeiten/Duschböden
Gewerk: 019 Abdichtung gegen nichtdrückendes Wasser
            024 Fliesen und Plattenarbeiten
            045 Gas-, Wasser- und Abwasserinstallationsarbeiten
Eckpunkt: Barrierefreies Bad

Allgemeine Vorbemerkung

In bauphysikalischer Hinsicht werden bei der Ausführung eines barriere-freien Duschbereichs die Abdichtung gegenüber Feuchtigkeit und die Ver-meidung von Schallübertragung gefordert. Bei Massivdecken bedarf es in

der Regel eines Eingriffs in die Deckenkonstruktion. Eine zu geringe Konstruktionshöhe des Fußbodenaufbaus stellt ein erhebliches Problem dar.

Auf der Grundlage der Kapitel 5.3 / 7.2.1 – Individualbereich Bad / öffentlicher Wohnungsbau kommt ein in der Ecke liegender, L-förmiger Duschbereich (zweiseitiger Wandanschluss) mit den Maßen 1,20 m / 1,20 m beispielhaft zur Ausführung. Besonderes Augenmerk wird hierbei auf die schwellenlose Begehbarkeit der Dusche gelegt. Der hohe Anteil von Ausrutschunfällen in nassbelasteten Barfußbereichen am gesamten Unfallgeschehen zeigt, dass eine sorgfältige Auswahl der Bodenbeläge erforderlich ist. In Einzelfällen können zusätzliche Kriterien bei der Auswahl von Bodenbelägen zu berücksichtigen sein, wie z. B.

- Gehen mit Krücken,
- Befahren mit Rollstühlen und
- Reflexauslösung bei bestimmten Personen (z. B. Spastikern).

Technische Vorbemerkungen

Leistungsumfang

Die Leistung des Auftragnehmers (AN) umfasst sämtliche Leistungen, die zur Erstellung der Arbeiten erforderlich sind. Ausgenommen sind nur »bauseitige Leistungen«.

Vorschriften

Zu berücksichtigen sind jeweils in der neuesten Fassung:
- Unfallverhütungsvorschriften
- die Bauordnung des Bundeslandes
- die relevanten DIN-Normen[20].

Hinweis

Folgende Merkblätter sind zu beachten:
- Merkblatt Bodenbeläge für nassbelastete Barfußbereiche GUV-18527 (Unfallverhütung),
- Merkblatt für Fußböden in Arbeitsräumen und Arbeitsbereichen GUV-R 181 (bisher GUV 26.18)

Zur Ausführung kommt ein Nassraumsystem mit Fliesen, Formteilen, Duschwannenunterbau- und Verlegeelementen als Systemverbund mit folgendem Mustertext:

---

20 Unter Berücksichtigung der Schutzziele bezogen auf die Ausführung des Duschbodens gilt DIN 18040, Teil 2 Barrierefreies Bauen – Planungsgrundlagen (in Hessen n.n. als technische Baubestimmung eingeführt) als vereinbart.

Leistungsbeschreibung

Der Anwender dieses Leistungsverzeichnis-Vorschlags hat die Pflicht, die Vollständigkeit der Positionen und die Eignung für die jeweilige Anwendung zu prüfen.

Position 1

Sanitärzelle gemäß den Angaben und der beiliegenden Zeichnung erstellen.

Diese Position umfasst **alle Leistungen** des Fliesenlegers ab Rohboden, Verlegeuntergrund und Rohwand. Sie beinhaltet:

- Reinigen und Grundieren der Untergründe
- Erstellen des Verlegeuntergrunds (Höhenausgleich o. Ä.)
- Einbau des Duschwannen-Unterbauelementes (DWU) mit integrierter Trittschalldämmung, inklusive Bodenablauf mit waagerechtem oder senkrechtem Abgang (Absprache mit Installateur) und Edelstahlrost
- Vergießen des Deckendurchbruchs / Deckenschlitzes und gegebenenfalls Vergießen der Fuge zwischen DWU und z. B. Estrich
- Einbau der Unterbau-Verlegeelemente mit integrierter Trittschalldämmung, inklusive Verkleben miteinander an den Stirnseiten
- Abdichten des Bodens und des entsprechenden Wandbereichs im Verbund nach ZDB-Merkblatt, inkl. Einarbeiten von Dichtungsbändern und Dichtungsmanschetten (bei Rohrdurchführung im Wandbereich der Dusche)
- Verfliesen Duschbereich, abgesenkte Ausführung
- Verlegen Bodenfliesen (15er und / oder 30er Raster)
- Verlegen Wandfliesen (15er und / oder 30er Raster)
- Ausfugen Boden mit Fugenmaterial, Farbe lt. Angabe Auftraggeber
- Ausfugen Wände mit Fugenmaterial, Farbe lt. Angabe Auftraggeber
- Herstellen von Bewegungsfugen.

Größe des Duschbereiches:	120 cm / 120 cm
Aufbauhöhe Fußboden:	55 / 65 mm
Boden-/Wandfliese:	Material, Steinzeug
Oberfläche:	rutschhemmend R=10[21], B[22]
Farbe:	nach Wahl Auftraggeber; (matt)

---

[21] Bewertungsgruppe der Rutschgefahr GUV-R 181
[22] Bewertungsgruppe für nassbelastete Barfußbereiche

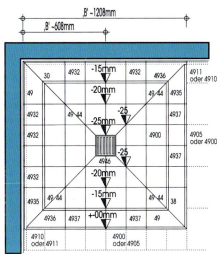

Randformteile mit Gefälle

Abb. 6-16: Im Boden abgesenkte Dusche, L-förmig unter Berücksichtigung von Fliesenmaßen (Formfliesen); für Rollstuhlbenutzer gut geeignet

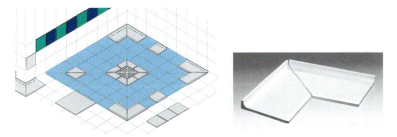

Abb. 6-17: Systemzeichnung Duschboden mit Bodenablauf mittig und Eckformteil

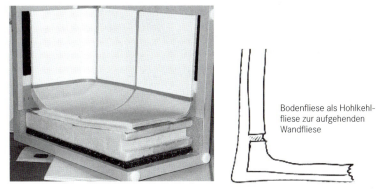

Bodenfliese als Hohlkehl-fliese zur aufgehenden Wandfliese

Abb. 6-18: Skizze Darstellung einer hoch liegenden Bewegungsfuge (außerhalb des Wasser führenden Bereichs)

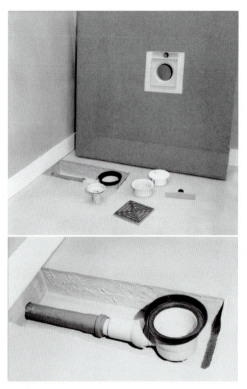

Abb. 6-19: Unterbauwanne inkl. integriertem Bodenablaufoberteil und Vergussöffnung, Bodenablaufunterteil mit Zubehör

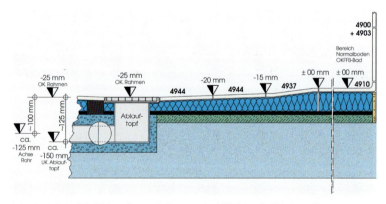

Abb. 6-20: Detail Schichtaufbau mit Angabe der Höhe des Fußbodenaufbaus. Systementwicklung und Entwurf: Christian U. Casper

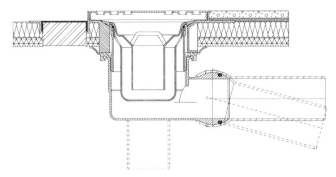

Abb. 6-21: Detail Bodenablauf mit waagerechtem oder senkrechtem Abgang

6.3.2 Barrierefreies Bad – Sanitärobjekte

Los: Geschosswohnungsbau/Neubau/Individualbereich
Bad
Titel: Ausbauarbeiten/Sanitärobjekte
Gewerk: 045 Gas-, Wasser- und Abwasserinstallationsarbeiten,
Einrichtungsgegenstände
Eckpunkt: Barrierefreies Bad

Allgemeine Vorbemerkung

Auf der Grundlage der Kapitel 5.3/7.2.1 – Individualbereich Bad/öffentlicher Wohnungsbau werden Sanitärobjekte (Waschtisch, WC-Becken einschließlich Stützgriffen) beispielhaft ausgeschrieben. Allgemein gilt, dass zur Befestigung von Sanitärobjekten und Hilfsmitteln tragfähige Wände und Decken vorhanden sein müssen. WC, Waschtisch (WT) und Stützgriffe sind bei Vorwandinstallation stabil anzubringen. Die Ausführung der Vorwandmontage ist so auszulegen, dass jederzeit Stützklappgriffe angebracht werden können.

Hinweis

Weder Leichtbauplatten als Verkleidung der Vorwandinstallation, noch Lochziegel oder ähnliche Konstruktionen können die Stützdrücke von mindestens (100 kg) aufnehmen! Dieses Detail wird in der Praxis vielfach unterschätzt.

Technische Vorbemerkungen

Leistungsumfang

Die Leistung des Auftragnehmers (AN) umfasst sämtliche Leistungen, die zur Erstellung der Arbeiten erforderlich sind. Ausgenommen sind nur »bauseitige Leistungen«.

Vorschriften

Zu berücksichtigen sind jeweils in der neuesten Fassung:

- Unfallverhütungsvorschriften
- die Bauordnung des Bundeslandes
- die relevanten DIN- Normen[23].

Zur Ausführung kommen Sanitärobjekte WC, Waschtisch einschließlich Installationsblock mit folgendem Mustertext:

Leistungsbeschreibung

Der Anwender dieses Leistungsverzeichnis-Vorschlags hat die Pflicht, die Vollständigkeit der Positionen und die Eignung für die jeweilige Anwendung zu prüfen.

Position 1

WC als Vorwandinstallation

- rollstuhlgerechtes WC (Universalausführung) mit 70 cm Ausladung und 48 cm Sitzhöhe (mindestens 46 cm!)
- Spülbetätigung aus der Sitzposition erreichbar
- Stützklappgriffe neben WC

lt. Zeichnung herstellen

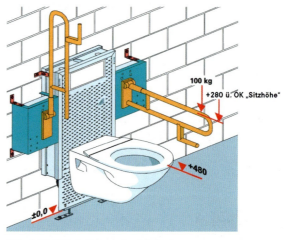

Abb. 6-22: WC als Vorwandinstallation

---

23 Für die Auswahl und Anordnung der Sanitärobjekte wird folgende Norm zusätzlich vereinbart: DIN 18040, Teil 2 [R]: Barrierefreies Bauen - Planungsgrundlagen (in Hessen n.n. als technische Baubestimmung eingeführt).

Position 2

WC-Installationsblock – barrierefreie Ausführung

- mit elektrischer Handfernbetätigung
- mit Unterputz-Spülkasten nach DIN 19542

liefern und einbauen.

Technische Anforderungen:
geschlossene, korrosionsgeschützte Profilstahlkonstruktion mit Veran-
kerung für Befestigungsplatten für Stützgriffe, mit körperschallentkop-
pelter Sanitärtechnik
Als Zulage Befestigungsplatten (links/rechts) verzinkt, zur kraftschlüs-
sigen Montage für bauseitigen barrierefreien Stützklappgriff liefern und
einbauen.

Abb. 6-23: WC-Installationsblock mit seitlichen Befestigungsplatten

Zulage

Stützklappgriff 850 mm Ausladung, Funk-WC-Spülauslösung, Edelstahl,
verchromt liefern und einbauen.

Abb. 6-24: Stützklappgriff

141

Position 3

Waschtisch (WT) als Vorwandinstallation

Waschtisch, Handelsserienmodell (Größe: 600/540 mm) aus Kristall-Porzellan, weiß, mit rückwärtiger Abstellfläche, mit Überlauf, Hahnloch für Armatur, Einhebel-Waschtischarmatur mit herausziehbarem Brausekopf (Handbrause) und Temperaturregler, unterfahrbar mit Unterputz-siphon einschließlich WT-Installationsblock – barrierefreie Ausführung liefern und lt. Zeichnung einbauen.

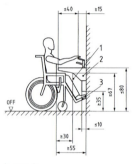

Legende
1 Kniefreiraum
2 Bau-, Ausrüstungs- oder
   Ausstattungselement
3 Beinfreiheit

Abb. 6-25: unterfahrbarer
Waschtisch

Abb. 6-26: Waschtisch-Installationsblock
(vgl. Kapitel 4.1 »Erreichung v. Schutzzielen«)

Als Zulage zur vorgenannten Position Höhenverstellsystem (Lift) passend zum Waschtisch einschließlich Zubehör liefern und einbauen.

Zulage

Stützklappgriff für Waschtisch mit kunststoffummantelter Auflagefläche, Ausladung 650 mm liefern und einbauen.

Abb. 6-27: Stützklappgriff mit kunststoffummantelter Auflagefläche

6.4 Ausstattung/Möblierung

Los: Einfamilienhaus/Umbau/Ausstattung
Titel: Ausbauarbeiten/Möblierung Schlafzimmer
Gewerk: 027 Tischlerarbeiten
            028 Parkettarbeiten
Eckpunkt: Möblierungsplan

Allgemeine Vorbemerkung – Möblierung

Auf der Grundlage der Kapitel 5.4/7.1.2 – Nutzungsflexibilität und Möblierungsplan/privater Wohnungsbau werden Einrichtungsteile wie Schränke, Regale, Bett und Umsetzlift beispielhaft ausgeschrieben. Ziel aller Überlegungen muss es sein, ein Höchstmaß an Selbständigkeit und Stimulation sowie Erhaltung oder Verbesserung der motorischen Körperfunktionen zu erreichen. Die Sicherheit, die Vermeidung von Unfällen und die Kraftersparnis sind zu beachten. Diesen Spielraum sinnvoll zu nutzen, ist nicht nur Sache der Menschen mit Behinderung, sondern auch der Angehörigen und der betreuenden Personen. Weiterhin wird der vorhandene Fußbodenbelag erneuert.

Technische Vorbemerkungen

Leistungsumfang

Die Leistung des Auftragnehmers (AN) umfasst sämtliche Leistungen, die zur Erstellung der Arbeiten erforderlich sind. Ausgenommen sind nur »bauseitige Leistungen«.

Zur Ausführung kommt die Ausstattung eines Schlafraumes mit »Wohnraumcharakter« mit folgendem Mustertext:

Leistungsbeschreibung

Der Anwender dieses Leistungsverzeichnis-Vorschlags hat die Pflicht, die Vollständigkeit der Positionen und die Eignung für die jeweilige Anwendung zu prüfen.

Einrichtung komplett bestehend aus:

- einem mobilen, höhenverstellbaren Bett mit kraftbetriebener mehrfacher Liegenflächenverstellung (elektromotorisch) mit feststellbaren Rollen, Liegefläche 100 x 200 cm; vierteilige Matratze als Wendehilfe.
Massiver Holzrahmen (Dekor/Farbe n. Wahl AG) mit Sicherheitsdesign, das Prellungen und Quetschungen ausschließt; Höhenverstellbarkeit bis 80 cm (Matratzenoberkante)
Als Zulage: Nachtkonsole Maßangaben in cm: B 48 x H 70 x T 44

- Kleiderschrank mit Falttüren, mechanischem Kleiderlift und Vollauszug-Schubladen. Bei der Oberfläche ist darauf zu achten, dass das Material widerstandsfähig ist gegen Beschädigungen durch den Rollstuhl. Kanten sind zu vermeiden und durch gerundete Profile zu ersetzen. Griffe nach Hauskollektion wählbar.
  Maßangaben in cm: B 100 x H 200 x T 64
  Dekor nach Hauskollektion wählbar
  Anzahl: 2 Stück
- einer offenen Regalwand als Raumteiler (Leitersystem) mit ausfahrbaren Behältern inkl. Rollenset
  Maßangaben in cm: B 50 x H 200 x T 33
  Dekor nach Hauskollektion wählbar
  Anzahl: 3 Regaleinheiten
- einem Wandlift einschließlich allem Zubehör, lt. Abbildung liefern und montieren.

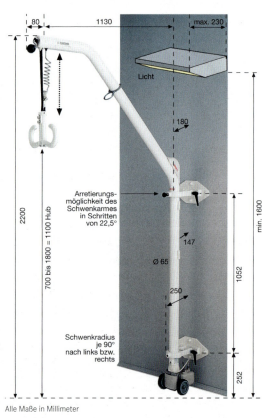

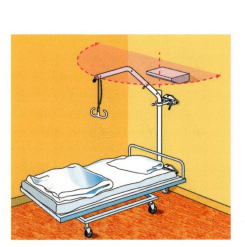

Abb. 6-28: Umsetzhilfe

Abb. 6-29: Abmessungen Wandlift

Allgemeine Vorbemerkung – Bodenbelag

Barrierefreie Bodenbeläge müssen rutschhemmend sein, sie müssen eine ausreichende Festigkeit haben, sie sollten fußwarm sein und sie dürfen weder spiegeln noch sich elektrostatisch[24] aufladen. In Bezug auf Rutsch- und Gleitsicherheit existieren jedoch für Wohnräume keine Anforderungen!

Auf der Grundlage der zuvor genannten Kriterien können für die Ausführung von Bodenbelägen (Material) für Wohnräume jedoch keine grundsätzlichen Empfehlungen ausgesprochen werden. Ausschlaggebend ist immer die jeweilige Nutzung.

Die Annehmlichkeiten eines »gehweichen« Belags, z. B. eines Teppichbodens, bieten folgende Vorteile:

- Bei einer Übermüdung legen sich Kinder, ohne zu stören, einfach auf den Teppich, bis sie ausgeruht sind.
- Die Bodennähe gibt ein Gefühl der Sicherheit, wenn z. B. ein Kind fällt, dann fällt es weich.
- Die persönliche Nähe zwischen Erwachsenen und Kindern ist im Teppichzimmer durch die Bodennähe gewährleistet.[25]

Für Rollstuhlbenutzer und Benutzer von »rollenden« Gehilfen ist die Festigkeit des Bodenbelages ein entscheidender Gesichtspunkt. Je fester ein Belag ist und je weniger er sich verformen lässt, desto geringer sind die Reibungskräfte, die das »Rollen« behindern.

Genügend Festigkeit für Rollstühle und Rollatoren haben z. B. Beläge aus Linoleum, PVC, keramischen Fliesen und Parkett.

Erforderliche Maßnahmen, die einen Ladungsausgleich herbeiführen:

- PVC- oder Gummibeläge mit antistatischen Zusätzen auf Kupferband verlegen.
- Bodenfliesen (elektrisch halbleitend) auf Zementmörtel mit Zusatz von Ruß (3 % des Zementgewichtes) und eingelegtem Baustahlgewebe verlegen. Die Armierung ist zu »erden«.
- Teppichbeläge unter Zusatz von antistatischen Fasern herstellen. Mit einer Stahlfaserbeimischung sind sie ableitfähig.

---

24 Durch Reibung können sich Personen und Stoffe elektrostatisch aufladen, wenn kein ständiger Ladungsausgleich stattfindet (fehlende Leitfähigkeit durch trockene Beläge infolge geringer Luftfeuchtigkeit). Die elektrostatische Aufladung ist von der Oberflächenstruktur unabhängig und bewirkt, dass schwebende Staubteilchen angelagert werden können. Die mit Staubteilchen verbundenen Bakterien können Krankheiten verursachen. Es sind daher Bodenbeläge auszuwählen, die elektrisch leitend sind und einen Ladungsausgleich herbeiführen. Die Raumluftfeuchtigkeit sollte nicht unter 45 % liegen.

25 vgl. Zeitschrift »Wohnungsmedizin« Heft 5/1966 – Vorteile eines Teppichzimmers für Kinder mit einer Körperbehinderung

Auf der Grundlage der »Allgemeinen Vorbemerkungen« kommt ein Bodenbelag aus Parkett auf Heizestrich beispielhaft zur Ausschreibung.

Technische Vorbemerkungen

Leistungsumfang

Die Leistung des Auftragnehmers (AN) umfasst sämtliche Leistungen, die zur Erstellung der Arbeiten erforderlich sind. Ausgenommen sind nur »bauseitige Leistungen«[26].

Vorschriften

Zu berücksichtigen sind jeweils in der neuesten Fassung:

* Unfallverhütungsvorschriften
* die Bauordnung des Bundeslandes
* die relevanten DIN-Normen[27].

Zur Ausführung kommt ein Parkett auf beheiztem Estrich mit folgendem Mustertext:

Leistungsbeschreibung

Der Anwender dieses Leistungsverzeichnis-Vorschlags hat die Pflicht, die Vollständigkeit der Positionen und die Eignung für die jeweilige Anwendung zu prüfen.

Position 1

Untergrund vorbereiten:
Reinigung des Unterbodens von grober Verschmutzung wie z. B. Mörtelreste, Staub etc.

Position 2

Parkett:
Parkett, I. Wahl, auf vorhandenen Heizestrich mit Spezialkleber verlegen, inklusive der erforderlichen Ausspachtelungen sowie vollflächigem Schleifen der Estrichfläche
Holzart: Ahorn
Parkettdicke: 22 mm
Verlegemuster: nach Wahl Auftraggeber

---

26 u.a. Herstellung der erforderlichen Abdichtung/Isolierung auf der vorhandenen Konstruktion; erforderlicher Anschluss zum Potentialausgleich

27 Unter Berücksichtigung der Schutzziele bezogen auf die Ausführung des Bodenbelags gilt DIN 18040, Teil 2: Barrierefreies Bauen - Planungsgrundlagen (in Hessen n. n. als technische Baubestimmung eingeführt) als vereinbart.

Position 3

Oberflächenbehandlung:
Aufbringen Versiegelungslack (formaldehyd- und lösemittelfrei), nach
den Herstellerrichtlinien verarbeitet und nachbehandelt. Glanzgrad:
matt

Hinweis zur »Antistatik«:
Der erforderliche Anschluss zum Potentialausgleich erfolgt bauseits.

Elektrische Leitfähigkeit:
Der elektrische Widerstand von Holz liegt zwischen 10^8 und 10^{10} Ohm.
Damit sind Holzfußböden so gute Isolatoren, dass bei elektrischen
Schlägen meist keine Verletzungsgefahr für Menschen besteht, ande-
rerseits ist die Leitfähigkeit gut genug, dass es bei Menschen zu kei-
ner elektrostatischen Aufladung kommt. Die Ableitfähigkeit kann durch
Oberflächenbehandlungs- und Pflegemittel positiv beeinflusst werden.

7 Barrierefreies Bauen heute – Projektbeispiele

Nach der ausführlichen Darstellung der Planungsgrundlagen in Kapitel 5 und ausgewählter Bauelemente in Kapitel 6 wird im folgenden Kapitel anhand von vier konkret ausgeführten Bauvorhaben gezeigt, dass bei baulichen Maßnahmen im barrierefreien Wohnungsbau die Kriterien Nutzung und Gestaltung nicht im Widerspruch zueinander stehen müssen.

Um dies zu verdeutlichen, sind in den Beispielen neben den allgemeinen Erläuterungen zu Ausgangssituation, Entwurfsgedanken und Planungsziel die Bereiche Erschließung, Individualbereich Bad sowie Ausstattung haustechnischer Bereich und Wohnbereich dargestellt. Auch auf relevante Bewegungsabläufe (Fallbeispiele) bei der Durchfahrt von Türen und beim Bedienen von Ausstattungsgegenständen, wie z. B. Geschirrspüler und Oberschränke, wird in Tabellenform eingegangen.

Die globalen Planungskriterien (vgl. Abb. 7-1) werden getrennt nach privatem und öffentlichem Wohnungsbau aufgezeigt. Ergänzend wurde der Neubau einer Außenanlage im Zuge der Errichtung eines interkommunalen Dienstleistungszentrums über Berücksichtigung der Schutzziele für eine leichte Auffindbarkeit des Gebäudes insbesondere für blinde Menschen mittels baulicher Elemente (z. B. abgesetzte Wegebegrenzungen usw.) und/oder mittels akustischer bzw. elektronischer Informationen aufgenommen.

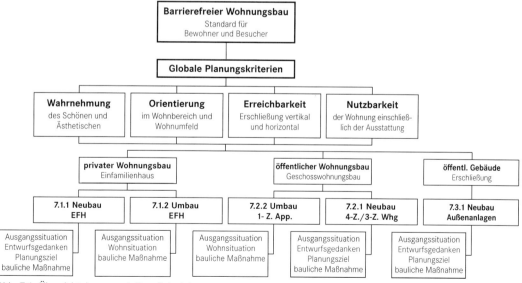

Abb. 7-1: Übersicht der vorgestellten Beispiele

In den Beispielen 7.1.1, 7.1.2, 7.2.2 und 7.3.1 wurden den Planungen die Anforderungen der DIN 18040 (»Barrierefreie Wohnungen«) zu Grunde gelegt und auf die Bedürfnisse der Nutzer angepasst.

Das Beispiel 7.2.1 wurde nicht explizit nach DIN 18040, Teil 2 (»Barrierefreies Bauen«) geplant, zeigt aber, dass der Ansatz »Bauen mit Komfort« präventiv barrierefreie Lösungen hervorbringen und Voraussetzungen für eine ansprechende Funktion des Grundrisses schaffen kann. Bedürfnisse zukünftiger Bewohner wurden über ein Partizipationsverfahren[28] berücksichtigt.

Für die Darstellung der Bewegungsabläufe einer Rollstuhlbenutzerin im Erschließungs- und Wohnbereich in den Beispielen 7.1.1 und 7.1.2 stellte sich freundlicherweise Frau S. Schwarz zur Verfügung.

7.1　Privater Wohnungsbau

7.1.1 Neubau Einfamilienhaus

Ausgangssituation

Eine junge Familie mit drei Kindern, eine Tochter im Alter von drei Jahren ist mehrfachbehindert, bewohnt bis zur Fertigstellung des Neubaus eine Etagenwohnung mit vier Zimmern, Küche und Bad/WC.

Um der Tochter das Aufwachsen in der Familie zu ermöglichen, entschließt sich die Familie zum Bau eines neuen Wohnhauses, das auf die Anforderungen aus der DIN 18025 Teil 1 und auf weitere individuellen Belangen, die sich aus der familiären Situation ergeben, eingeht.

Entwurfsgedanken

Der Grundriss im Erdgeschoss mit rechteckigen und quadratischen Entwurfselementen gliedert sich in vier verschiedene Zonen:

- Erschließungsbereich
- haustechnischer Bereich
- Wohnbereich einschließlich Terrasse
- Individualbereich.

Einfache geometrische Formen bestimmen den Grundriss; diagonale Blickbeziehungen stellen ein wichtiges Gestaltungselement dar. Die nachfolgende Abbildung erläutert die Raumbeziehungen im EG. (Abb. 7-3)

---

28 Im Partizipationsverfahren können zukünftige Nutzer u.a. Wünsche zur Ausstattung der Wohnungen äußern.

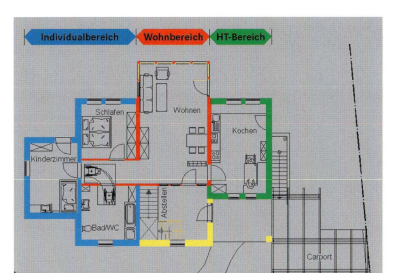

Abb. 7-2: Entwurf Grundriss EG mit raumhohen Türen im Innenbereich

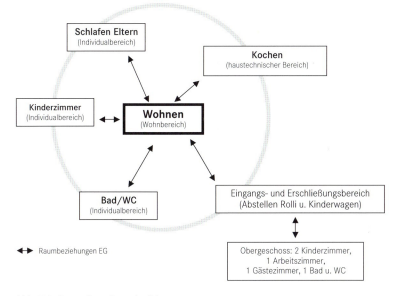

Abb. 7-3: Darstellung Raumbeziehungen

Barrierefreies Planungsziel

Eckpunkt:
stufenlose Erschließung

Der Eingang ist stufenlos auszubilden. Weiterhin soll vom Carport zum Eingang eine witterungsunabhängige Verbindung vorhanden sein.

Der innere Eingangsbereich soll sich zu einer Diele mit Aufenthaltsqualität und gleichzeitigem Rollstuhlabstellplatz öffnen. Die zum Obergeschoss führende Treppe mit einer Mindestbreite von 1,00 m wird als Winkeltreppe geplant (vgl. Kapitel 5.1.1 und 5.1.3 Treppen/Aufzüge). Dadurch ist sichergestellt, dass ein Treppenlift oder ein Aufzug im Treppenauge bei Bedarf nachrüstbar ist.

Das Treppenhaus ist abgeschlossen auszubilden. Dies bietet den Vorteil, ungestört das Obergeschoss zu erreichen.

Der Wohnbereich wird offen gestaltet und mit einem einheitlich gewählten Bodenbelag (Parkett) ausgelegt.

Raumhohe Türen

Raumhohe Türen (Mindestforderung gemäß DIN 18025 Teil 1: 2,10 m lichte Durchgangshöhe, 0,90 m lichte Durchgangsbreite) ermöglichen z. B. das Nachrüsten von Deckenliften in der Wohnung, sparen Türstürze und erlauben die ungehinderte Durchfahrt.

Um den »freien Blick« nach draußen zu erhalten und so viel natürliches Licht wie möglich ins Innere des Gebäudes zu holen, werden die Fenster bis zum Boden ausgeführt (»Französische Fenster«).

Ein vorgelagerter Wintergarten im unmittelbar angrenzenden Wohnbereich erhöht den Wohnwert und lässt eine Kommunikation mit dem Gartenbereich zu.

Der Individualbereich mit dem Kinderzimmer für die behinderte Tochter und dem Schlafzimmer der Eltern sind in unmittelbarer Nähe an das Bad/WC zu plazieren (Prinzip der kurzen Wege). Zur Ausstattung des Kinderzimmers gehören ein separater Waschtisch sowie ein separater Ausgang auf die Terrasse.

Abb. 7-4: CAD-Ansicht des neuen Einfamilienhauses mit vorgelagertem Carport

Bauliche Maßnahmen

Eckpunkt: Stufenlose Erschließung

Tab. 7-1: Äußere Erschließung/Zuwegung zum Gebäude

Erschließungsbereich Grundstückszufahrt

Die Erreichbarkeit des Wohngebäudes (Carport) von der öffentlichen Verkehrsfläche über die Grundstückszufahrt ist durch den abgeschrägten Bordstein für alle Bewohner und Besucher gegeben.

Überdachter Hauseingang

witterungsgeschützter schwellenloser Zugang zur Wohnung mit verglastem Dachausschnitt zur Belichtung des Eingangsbereichs

vgl. Kap. 5.2, Abb. 5-63

Bauliche Maßnahmen

Eckpunkt: Stufenlose Erschließung

Tab. 7-2: Erschließung innerhalb des Gebäudes

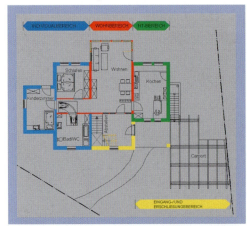

Übersicht Grundriss EG

Auf einer Ebene liegen:

- Erschließungsbereich
- haustechnischer Bereich (Kochen)
- Wohnbereich, einschließlich Terrasse
- Individualbereich (Schlafzimmer Eltern, Kinderzimmer, Bad/WC).

Perspektive Treppenraum mit Winkeltreppe

Separates Treppenhaus mit Winkeltreppe und Zwischenpodest. Treppenstufen sind nicht unterschnitten.
Aufzug im Treppenauge bzw. Treppenplattformlift wären evtl. nachrüstbar.
Ausbildung von zwei Handläufen. Wandseitiger unterer Handlauf für Kinder oder kleinwüchsige Menschen ausgelegt.
Abstellplatz für Kinderwagen oder Rollstuhl ist vorhanden.

vgl. Kap. 5.1.1 – Treppen und Kap. 5.1.3 – Aufzüge

Ausstattung

Eckpunkt: Möblierungsplan

Tab. 7-3: Wohnbereich

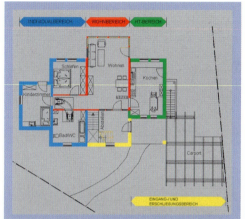

Übersicht Grundriss EG

Ein harmonisch eingerichteter, für Veränderungen offener Raum aktiviert einen Menschen und regt zur kreativen Betätigung an.

Perspektive Wohnzimmer

Einladende Gestaltung mit offenem Grundriss, wenig möbliert (moderne Sachlichkeit). Zu viele Möbel in der Wohnung verstellen wertvollen Bewegungsraum und sind zudem Gefahrenquellen, weil man sich stoßen oder darüber fallen kann.

Sideboard

Einrichtungsvorschlag: Sideboard im Wohnbereich. Die Höhe wurde so angeordnet, dass Gegenstände aus den Ausziehschubladen aus der Sitzposition entnommen werden können.

155

7.1.2 Umbau Einfamilienhaus

Ausgangssituation

Das Gebäude wurde ursprünglich für eine Familie mit drei Personen als Winkelbungalow mit einer Wohnfläche von ca. 90 m² errichtet. Im Kellergeschoss befindet sich außer den Kellerräumen eine innenliegende Garage. Die Grundrissplanung mit einer Wohndiele im Anschluss an den unmittelbaren witterungsgeschützten Eingangsbereich lässt eine neutrale Erschließung sämtlicher Räume (Wohn-, Ess-, Schlaf-, Gästezimmer, Bad/WC, Küche) im Erdgeschoss zu (vgl. Abb. 7-6: Raumprogramm).

Durch die ausreichende Dimensionierung des Eingangsbereichs mit 19,51 m² und der funktionellen Zuordnung der Räume war der »Grundstein« für den später erforderlich werdenden Umbau zu einer barrierefreien Wohnung gelegt. Dies war zu diesem Zeitpunkt weder dem Architekten noch den Bauherren bewusst!

Abb. 7-5: Ansicht Westen, Wohngebäude nach Bezugsfertigstellung 1966

Wohnsituation

Folgende Darstellung erläutert die Wohnsituation mit Raumbeziehungen, in der die Diele als Verknüpfung den Mittelpunkt bildet.

Bauliche Maßnahme I: Anbau an bestehendes Wohnhaus

Eckpunkte:
stufenlose Erschließung,
barrierefreies Bad

16 Jahre nach der Errichtung des Wohnhauses (vgl. Abb. 7-7) wurde beabsichtigt, das Gebäude für die Nutzung durch die Familie der Tochter (vier Personen) zu erweitern. Der jüngste Sohn dieser Familie ist mit einer Mehrfachbehinderung geboren worden. Für die Nutzeranforderungen waren vor allem im Bereich der Gebäudeerschließung und des Bades bauliche Anpassungen erforderlich.

Dazu wurden im hinteren Gebäudeteil ein zusätzlicher Schlafraum im Erdgeschoss und ein Büroraum mit separatem Eingang geplant (vgl. Abb. 7-8).

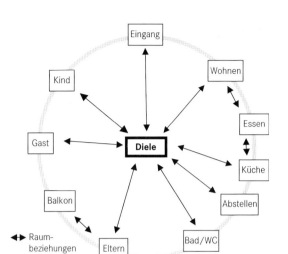

Abb. 7-6: Raumprogramm Siedlungshaus

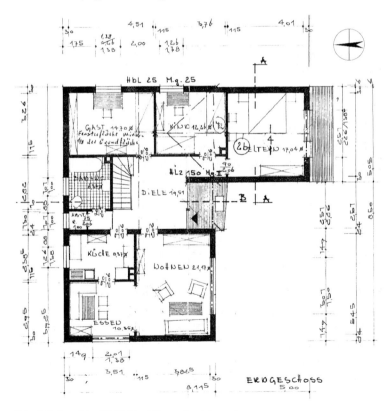

Abb. 7-7: Grundriss EG (Original-Entwurfszeichnung)

Abb. 7-8: Anbau Büro mit separatem Eingang

Die vorhandene Zuwegung war durch mehrere Stufen von der öffentlichen Verkehrsfläche abgesetzt. Sie wurde durch den Bau einer durchgehenden Rampenanlage ersetzt (vgl. Abb. 7-9 und 7-10). Der äußere Eingangsbereich, einschließlich der Zuwegung zum Büro, wurde aus topografischen Gesichtspunkten (Gelände zum Nachbargrundstück hin fallend) als Holzsteg mit einem Belag aus geriffeltem Lerchenholz ausgebildet. Eine geschwungene Rampe (Ziegelbelag) mit einer Neigung von ca. 8 % bildet den verbleibenden Teil zum unmittelbaren Hauseingangsbereich aus.

Abb. 7-9: Westansicht Hauseingangsbereich mit geschwungener Rampe (Oberfläche mit einem Ziegelbelag) und Garage im Kellergeschoss (Stand nach dem Anbau)

Bad und WC

Eckpunkt:
barrierefreies Bad

Das vorhandene Bad/WC wurde unter Einbeziehung des Abstellraums erweitert. Zur Ausstattung gehört eine emaillierte Stahl-Einbaubadewanne auf Styropor-Wannenträgern mit Einhebelmischbatterie, Schlauchbrausegarnitur, Wannengriff und Seifenschale.

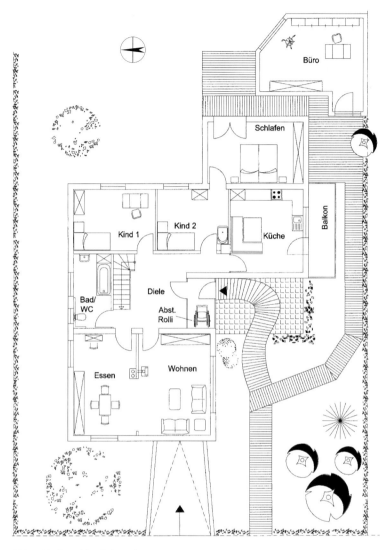

Abb. 7-10: Grundriss Erdgeschoss

Die Wanne soll später einen Badewannenlift für den Sohn aufnehmen können. Für den Badewannenlift ist ein Anschluss an das Kaltwasser vorgesehen. Es wurde ein Hängespülklosett aus Kristallporzellan als Vorwandmontage mit Papierrollenhalter angebracht. Die Anordnung erlaubt später das seitliche Anfahren mit dem Rollstuhl.

Im Kinderzimmer 2 des behinderten Sohnes wurde eine Sitzbadewanne (vgl. Abb. 7-10) mit den erforderlichen Armaturen eingebaut.

Nach dem Umbau ist eine neutrale Erschließung aller Haupträume gewährleistet (vgl. Abb. 7-11). Wegen der geänderten Nutzeranforderungen wurden die Funktionen der Räume getauscht. Die folgende Grafik des neuen Raumprogramms verdeutlicht dies.

Bauliche Maßnahme II: Umbau des bestehenden Wohngebäudes und Anbau eines Wintergartens

21 Jahre nach dem ersten Anbau konnte die vorhandene Wohnsituation erneut den Anforderungen nicht mehr gerecht werden. Aufgrund des Lebensalters des behinderten Sohnes war der vorhandene Individualbereich (Schlafen, Sanitär) hinsichtlich der Größe nicht mehr ausreichend. Um seine weiter zunehmende Behinderung (ein Heimaufenthalt kam nicht in Frage) und die sich ändernde Situation der Familie (der älteste Sohn studiert und wohnt nur noch zeitweise zuhause) zu berücksichtigen, wurden Überlegungen zu einem Umbau und zur Umorganisation des Hauses angestellt.

Nutzungsflexibilität   Die Funktionen aller Räume wurden untereinander getauscht. Das nicht mehr genutzte Büro wurde als Wohnzimmer mit zusätzlichem Ausgang zum Garten umgebaut und wird nun durch den Anbau eines Wintergartens erschlossen.

Das ehemalige Esszimmer wird als Gästezimmer genutzt, während der Essplatz der Familie sich nun im ehemaligen Kinderzimmer 2 befindet.

Das Zimmer für den behinderten Sohn der Familie ist im ehemaligen Wohnraum eingerichtet worden und befindet sich jetzt in unmittelbarer Nähe des barrierefreien Bades. Der Pflegebereich des Sohnes, mit Pflegebett und einem an der Wand befestigten Umsetzlifter, ist durch einen Raumteiler vom übrigen Raum, der als Wohnbereich für den Sohn genutzt wird, abgeteilt.

Die Räume der Bereiche Kochen und Schlafen wurden getauscht. Aus dem Schlafraum kann man jetzt den Balkon direkt betreten, von der Küche aus gibt es einen direkten Zugang zum Essplatz und in den Wohnbereich mit einem Zugang zum Garten.

Auf den folgenden Seiten wird der Zusammenhang zwischen Nutzung und Gestaltung unter Zugrundelegung von Bewegungsabläufen (Fallbeispiele) am Beispiel der Küche und des Esszimmers dargestellt.

160

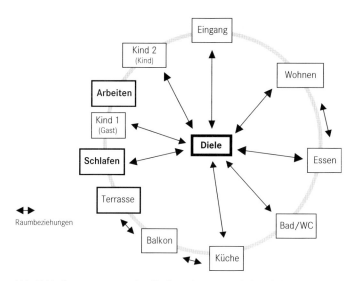

Abb. 7-11: Raumprogramm des Siedlungshauses nach dem Anbau

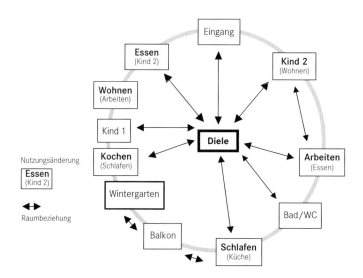

Abb. 7-12: Raumprogramm Siedlungshaus nach Umstrukturierung

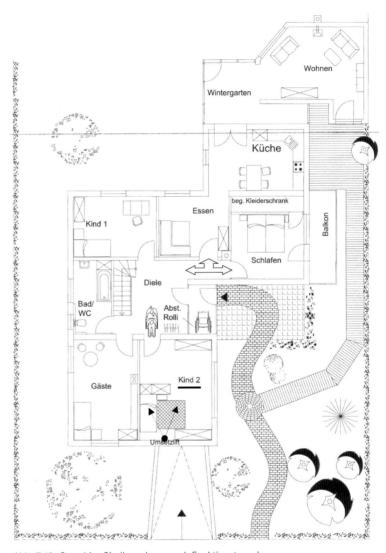

Abb. 7-13: Grundriss Siedlungshaus nach Funktionstausch

Bauliche Maßnahme

Fallbeispiel 1: Bewegungsablauf »Anfahren« Drehflügeltür

Tab. 7-4: Situationsdarstellung relevanter Bewegungsabläufe beim Anfahren und Öffnen einer Tür im Bereich Esszimmer/Diele

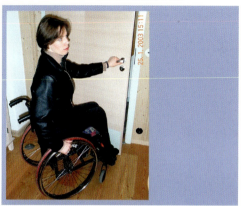

Seitliches Anfahren und Öffnen der Tür

Die Türbreiten im Haus mit einer lichten Breite ≥ 80 cm mussten bis auf eine Tür nicht geändert werden, da sie alle gerade angefahren werden können. Die Türgriffhöhe wurde auf 85 cm ausgelegt.

vgl. Abb. 7-13, Kap. 5.5.1
Abb. 5-91

Detail Anprallschutz unterer Türbereich

Der Anprallschutz im unteren Türbereich ist ca. 350 mm hoch ausgebildet. Der Kontrast ist dem Türrahmen angepasst.

Berollen der Buchenschwelle

Zum Überwinden des Niveauunterschieds zwischen Altbau und Anbau wurde eine berollbare Schwelle als Höhenausgleich eingebaut. Die Schwelle wurde individuell vom Tischler lt. Angaben angefertigt (Material aus Buche).
Die Türbreite wurde auf > 90 cm im Lichten wegen fehlender Bewegungsfläche zwischen Diele und Esszimmer geändert.
vgl. Abb. 7-13

Ausstattung

Eckpunkt: Möblierungsplan

Tab. 7-5: Haustechnischer Bereich / Küche

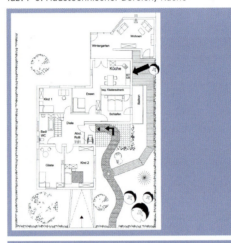

Übersicht Grundriss EG

Legende:

◄┐ Eingang zum Wohngebäude

◄━ Küche

▢ Bewegungsfläche ≥150 x 150 cm DIN 18 040, Teil 2 [R]

Grundriss EG nach Fertigstellung der Umbaumaßnahme II

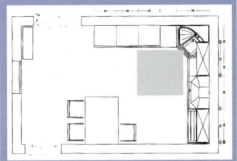

Grundriss Küchenplan

Modulküche L-förmig ausgebildet: Funktionale Anordnung der Ausstattungsgegenstände, Spüle, Herd mit abgesenkter Kochplatte, Kühlschrank mit kurzen Wegen im unmittelbaren Arbeitsbereich Arbeitserleichterung bei der täglichen Betreuung des behinderten Sohnes

Perspektive Küchenzeile mit Anrichte

Einladend gestaltet stellt sich die Küche in Verbindung mit ihrer Einrichtung dar. Die Anrichte ist über die »Schubkastenanordnung« in angenehmer Greifhöhe leicht handhabbar.

Ausstattung

Fallbeispiel 2: Bewegungsablauf »Erreichen Oberschränke«

Tab. 7-6: Haustechnischer Bereich/Küche. Situationsdarstellung relevanter Bewegungsabläufe bei der Nutzung der Einrichtungsgegenstände im haustechnischen Bereich/in der Küche

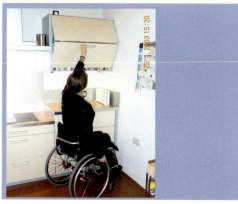

Oberschrank mit Falttüren

Die Erreichbarkeit des Oberschrankes mit Falttüren ist nicht gegeben.

Stand-up wheelchair

Eine besondere Rollstuhlkonstruktion ermöglicht es, selbständig eine stehende Position einzunehmen.

Dies ist jedoch von der individuellen Mobilität der jeweiligen Person abhängig!

Oberschrank mit Klapptüren und flexiblen Höheneinstellungen

Alternative:
Ein herunterfahrbarer Hochschrank macht die Schrankinhalte für jeden zugänglich.

165

Ausstattung

Fallbeispiel 3: Bewegungsablauf »Bedienung« Geschirrspüler

Tab. 7-7: Haustechnischer Bereich/Küche. Situationsdarstellung relevanter Bewegungsabläufe bei der Nutzung der Einrichtungsgegenstände im haustechnischen Bereich/in der Küche

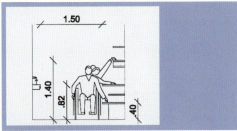

Darstellung Greifraum Rollstuhlbenutzer

In der Küche erleichtern hoch eingebaute Elektrogeräte, wie Backofen, Kühlschrank und Geschirrspüler, das Bedienen. Ein Bereich mit Beinfreiheit vereinfacht den täglichen Umgang mit dem Geschirr.

Geschirrspüler in bequemer Höhe

Die Spüle ist im mittleren Modulteil der Anrichte eingebaut und somit für alle Nutzer leicht bedienbar.

vgl. Tab. 7-5

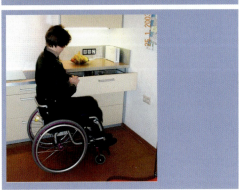

Unterfahrbarer Besteckkasten

Die Gegenstände können aus der Sitzposition entnommen werden.

7.2 Öffentlicher Wohnungsbau

7.2.1 Neubau Geschosswohnungsbau

Ausgangssituation

Auf einem ehemaligen Kasernenareal innerhalb eines Stadtgebiets wurden die vorhandenen Gebäude im Zuge eines Konversionsprojekts (Umwandlung) zu Wohnungen umgebaut bzw. durch Neubauten ergänzt.

Entwurfsgedanken

Es soll ein Neubau mit vier Vollgeschossen einschließlich eines Staffelgeschosses und mit acht Wohneinheiten als Eigentumswohnungen zur Ausführung kommen. Das Gebäude ist unterkellert auszubilden.

Ein stufenloser Zugang zum Gebäude soll vorhanden sein.

Eckpunkt:
stufenlose Erschließung

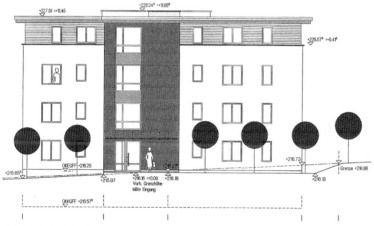

Abb. 7-14: Ansicht Eingangsbereich mit stufenloser Zuwegung (Zeichnung Wohnstadt Kassel)

Die Wohnungen werden in Anlehnung an die DIN 18022 (Planungsgrundlagen für den Wohnungsbau) geplant und ausgeführt. Allerdings lässt die Größe und Anordnung der Objekte eine Umgestaltung nach DIN 18040, Teil 2 zu (vgl. 5.5 Geometrische Anforderungen) und ist somit als präventiv barrierefrei geplant zu betrachten. Die Intention dieser Planung ist es, eine gesteigerte Nachfrage der Wohneinheiten von einem möglichst großen Kundenkreis zu erreichen.

präventiv barrierefrei

Jede Wohnung erhält einen Balkon mit einer Größe von 5,0 m² (Hinweis: Lt. zurückgenommener DIN 18025 Teil 1 mindestens 4,5 m²). Im Erdgeschoss wird ein Freisitz und im Staffelgeschoss eine Dachterrasse vorgesehen. Die Zugänge sind schwellenlos auszubilden.

Eckpunkt:
niveaugleiche Türschwellen

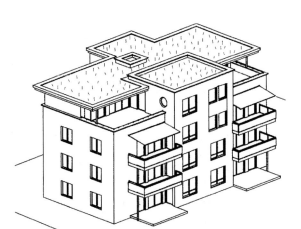

Abb. 7-15: Perspektive rückwärtige Gebäudeansicht (Zeichnung: Wohnstadt Kassel)

Während der Bauphase fiel die Entscheidung für den Einbau eines Aufzugs, der bei den ersten Planungsüberlegungen aus Kostengründen entfallen war. Erst diese Entscheidung trug zu einer Erweiterung der Kaufinteressenten bei.

Barrierefreies Planungsziel

Grundlage des Bauvorhabens ist es, Eigentumswohnungen für die Zielgruppe von älteren Menschen an einem guten Standort mit zentraler Lage, verbunden mit einer guten Infrastruktur (Geschäfte, Ärzte etc.), zu errichten.

Unter dem Gesichtspunkt der »Partizipation« soll der Kunde bereits bei der Planung Einfluss auf die Grundrissgestaltung und Ausstattung der Wohnung nehmen können.

Pro Geschoss kommen jeweils zwei Wohnungen mit unterschiedlicher Wohnfläche (4 Zimmer/Küche/Bad/WC 98,5 m² und 3 Zimmer/Küche/Bad 76,2 m²) zur Ausführung.

Die Wohnungen werden über ein Treppenhaus mit einer geradläufigen Treppe und einem Aufzug erschlossen.

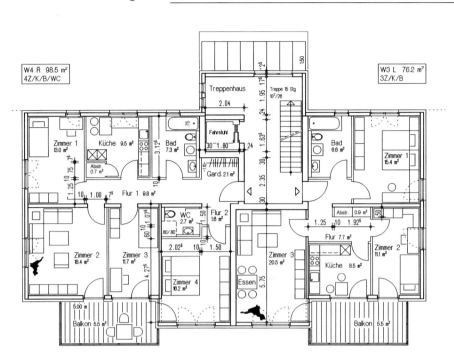

Abb. 7-16: Grundriss Geschoss 1-3 (Zeichnung: Wohnstadt Kassel)

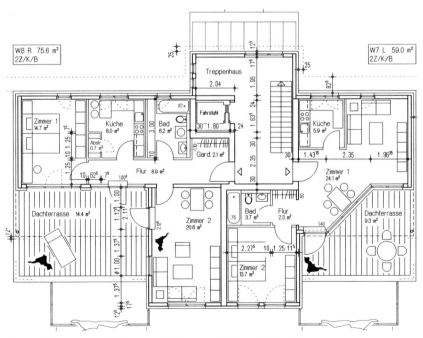

Abb. 7-17: Grundriss Staffelgeschoss (Zeichnung: Wohnstadt Kassel)

169

Bauliche Maßnahmen

Eckpunkt: Stufenlose Erschließung / niveaugleiche Türschwellen

Tab. 7-8: Gestaltung Balkon/Terrasse/Freisitz

Brüstungshöhe

Brüstungen in mindestens einem Aufenthaltsraum der Wohnung und von Freisitzen sollten ab 60cm Höhe durchsichtig sein.
Dies ermöglicht einer sitzenden Person einen guten Ausblick.

Horizontalfenster raumhoch

Ein Horizontalfenster, auch als waagerechtes Schiebefenster bekannt, ist als Zugang zur Dachterrasse sowohl für Rollstuhlbenutzer als auch für Blinde am besten geeignet, da die Belüftungsschlitze beliebig groß einstellbar sind und eine leichte Bedienbarkeit gewährleistet ist. Außerdem ragt kein Flügel in den Bewegungsraum. Ein »aufgesetztes« Balkongeländer ermöglicht einen freien Durchblick.

vgl. Kap. 5.5.2

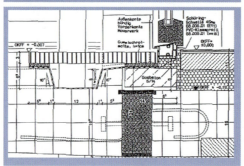

Detail Balkon-/Terrassenanschluss

Die Dachterrasse ist vom Baukörper thermisch getrennt. Sie ist vom Wohnraum über eine Schwelle ≤ 2 cm erreichbar, d. h. eine stufenlose Zugänglichkeit ist gegeben.

vgl. Kap. 5.2 und 6.2

Ausstattung

Eckpunkt: Barrierefreies Bad

Tab. 7-9: Gestaltung Individualbereich Bad

Wandhängendes WC ohne Stützklappgriffe, Stützklappgriffe nachrüstbar

Da die Nutzer nicht bekannt sind, werden bauliche Vorkehrungen zur Nachrüstung von Stützgriffen getroffen.
Die Vorrichtung für den nachträglichen Einbau von Stützklappgriffen erfordert einen tragfähigen Wandaufbau.

vgl. Kap. 5.3 u. 6.3.2

Wandhängendes WC mit Stützklappgriffen

Die Stützklappgriffe sind in der Höhe individuell verstellbar und bei Bedarf nachrüstbar.

Wandhängendes WC mit Stützklappgriffen und Rückenstütze

Stützklappgriffe mit Toilettenpapierhalter, nicht in der Höhe verstellbar, ohne Funk-WC-Spülauslösung

vgl. Kap. 6.3.2

Ausstattung

Eckpunkt: Barrierefreies Bad

Tab. 7-10: Gestaltung Individualbereich Bad

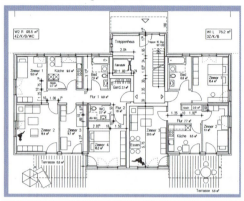

Übersicht Grundriss

Bad nach DIN 18025 Teil 2 (ersetzt durch DIN 18040 T2) ausgebildet.

vgl. Kap. 5.3

Waschtisch ohne Haltegriffe

Da die Nutzer nicht bekannt sind, erfolgt eine Ausführung mit individuell höhenverstellbaren Waschtischen. Die Haltegriffe sind bei Bedarf nachrüstbar, die Halterung ist verdeckt.

vgl. Kap. 6.3.2

Waschtisch ohne Haltegriffe

Beispiel: Höheneinstellung u.a. eines für Kinder ausgelegten Waschtisches.

7.2.2 Umbau Geschosswohnungsbau

Ausgangssituation

In einer Wohnanlage mit Nähe zur Innenstadt werden für verschiedene Ansprüche Appartements angeboten. Zur Auswahl stehen 1-, 2- und 3-Zimmer- Wohnungen in unterschiedlichen Größen.

Bei diesem Beispiel handelt es sich um einen älteren Geschosswohnungsbau mit Appartements in unterschiedlicher Größe.

Ein anstehender Mieterwechsel in einem Appartement der Wohnanlage wurde zum Anlass genommen, die bestehenden Ausstattungsmängel in der Wohnung zu beseitigen und den künftigen Wohn- und Individualbereich nach DIN 18025 Teil 2 barrierefrei umzugestalten.

Wohnsituation vor dem Umbau

Das Appartement besteht aus einem Wohn-/Schlafraum mit Kochnische. Das Bad mit WC ist mit einer Grundfläche von ca. 3,3 m² ausgelegt. Der Zugang zum Balkon ist durch eine Setzstufe von innen nach außen abgesetzt. Das Bad besitzt neben WC und Waschtisch eine Badewanne und wird ebenso wie der Wohn-/Schlafraum über den Flur erschlossen (vgl. Abb. 7-19).

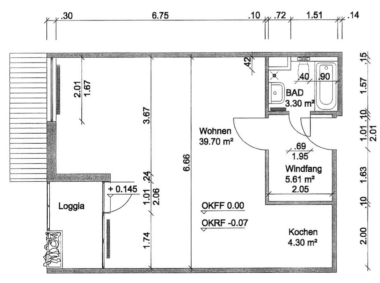

Abb. 7-18: Bestandsplan Appartement vor dem Umbau

Bauliche Maßnahmen

Die Bestandsaufnahme machte deutlich, dass es unabdingbar war, den Individualbereich zu vergrößern.

173

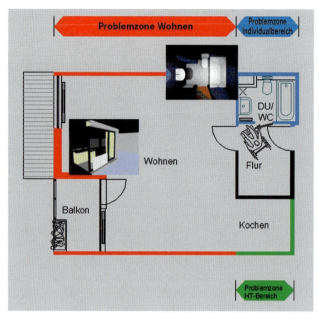

Abb. 7-19: Grundriss / Perspektive – Appartement vor dem Umbau

Individualbereich Bad

Eckpunkt:
barrierefreies Bad

Zugeschnitten auf den Bedarf der künftigen Bewohner/in wurde auf den Einbau einer Badewanne verzichtet und eine bodengleiche Dusche mit Duschsitz und Stützgriffen vorgesehen. Der Bewegungsraum im Sanitärbereich wurde dadurch erheblich vergrößert. Einer späteren Benutzung des Sanitärraumes mit einem Rollator oder Rollstuhl wurde mit dieser Lösung ebenfalls Rechnung getragen. Die Grundfläche wurde von 3,3 m^2 auf 4,45 m^2 erweitert.

Die örtlichen Gegebenheiten, insbesondere die Abflusssituation (Bodenablauf vorhanden, vgl. Abb. 7-20), lassen den Einbau einer »bodengleichen Dusche« zu.

Das anfallende Duschwasser des barrierefreien Duschbereichs wird durch den Einbau einer Abflussrinne (vgl. Tab. 7-13) mit waagerechtem Abflussstutzen dem vorhandenen Bodenablauf zugeführt.

Haustechnischer Bereich

Der Kochbereich wurde dem Wohnbereich offen angegliedert. Die Zuordnung der Ausstattungs- und Einrichtungsgegenstände wurde so ausgeführt, dass ein ökonomischer Arbeitsablauf gewährleistet ist. Kurze Wege und eine sinnvolle Anordnung der Haushaltsgeräte sind dabei besonders wichtig.

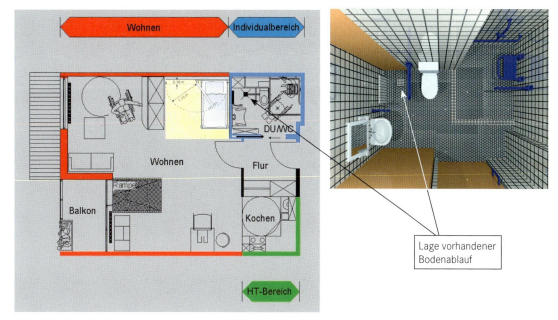

Abb. 7-20: Grundriss/Perspektive mit Vorschlag Möblierung Appartement nach dem Umbau

Der Essplatz befindet sich in unmittelbarer Nähe des Kochbereichs. Kommunikative Gesichtspunkte wurden dabei berücksichtigt.

Wohnbereich

Der offene Grundriss, das heißt die Überlagerung von Wohn- und Verkehrsflächen, ermöglichte eine ökonomisch günstigere und funktional bessere Gestaltung des Raumes.

Der Schlafbereich wurde durch einen Raumteiler mit Ausführung einer Vertikalanlage als Sichtschutz optisch vom übrigen Wohnbereich abgesetzt. Die Vorrichtung für einen eventuell später erforderlichen Umsetzlift wurde vorgesehen.

Der Wohnraum ist so ausgelegt und eingerichtet, dass auch Besuche von Bekannten im Rollstuhl möglich sind.

In der grafischen Gegenüberstellung vor/nach der Wohnraumanpassung ist die Qualitätsverbesserung, und die damit verbundene Wertsteigerung des Appartements zu erkennen.

Die Lösung für die Umgestaltung des Individual- und Wohnbereichs ermöglicht es, auch im fortgeschrittenen Alter ein selbstbestimmtes Leben zu führen. Die ursprünglich im Bereich des Balkonzuganges vorhandene Schwelle wurde durch eine Rampenlösung ersetzt (vgl. Tab. 7-12).

Bauliche Maßnahmen

Eckpunkt: Stufenlose Erschließung

Tab. 7-11: Erschließung über die Tiefgarage

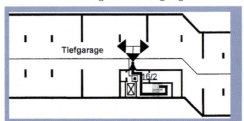

Prinzipskizze Planausschnitt Tiefgarage

Legende:

⬍ Verkehrsbeziehung Fahrgasse mit Zugang zum Treppenhaus und Aufzug

Zugang zum Treppenhaus

Vom Stellplatz in der Tiefgarage führt der Weg in das Treppenhaus mit dem angegliederten Aufzug. Eine im TG-Geschoss vorhandene Stufe kann durch eine versenkbare Rampe (s. unten) überwunden werden. Die Wohnungen sind damit stufenlos über den Aufzug erreichbar. Die Stufe zum Treppenhaus wurde zum Schutz gegen Abgase (CO_2) ausgebildet.

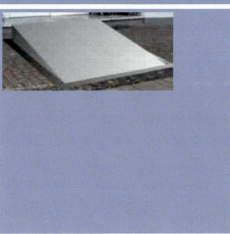

Versenkbare Rampe »Modellversuch«

Die Rampe ist stufenlos anpassbar. Kfz können die Rampe überfahren, wenn sie im Boden versenkt ist. Die Rampe ist nur bei Bedarf ausgefahren. Die bisher manuell bedienbare Brandschutztür ist wegen der fehlenden Aufstellfläche vor der Brandschutztür jetzt auf Knopfdruck automatisch mit Türschließer (evtl. Schlüsselschalter) bedienbar. Hinweis: Produkt befindet sich in der Entwicklung bei der Firma Reha-Plan.

Bauliche Maßnahmen

Eckpunkt: Stufenlose Erschließung

Tab. 7-12: Erreichbarkeit Balkon

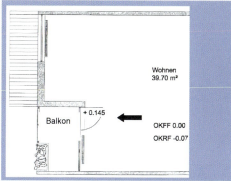

Übersicht Grundriss (Bestand)

Legende:

← Zugang zum Balkon

Perspektive Ausgang zum Balkon

Bestand:
Die Erreichbarkeit des Balkons war über eine Stufe von innen nach außen ausgeführt.

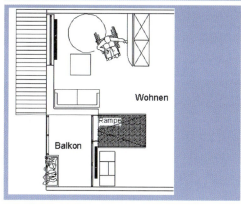

Grundriss mit Rampe zum Balkon

Der Balkon wurde über eine leicht begehbare und mit dem Rollstuhl befahrbare Rampe erschlossen.
Die bisher manuell bedienbare Balkontür wird wegen der fehlenden Aufstellfläche vor der Tür elektrisch bedienbar ausgeführt.

Bauliche Maßnahmen

Eckpunkt: Barrierefreies Bad

Tab. 7-13: Individualbereich Bad

Abbruch Wände vorhandenes Bad/WC

Die Grundfläche wurde auf Kosten des angrenzenden Vorraums vergrößert. Dennoch blieb eine ausreichende Nutzungsmöglichkeit des Vorraums für die künftigen Anforderungen erhalten.

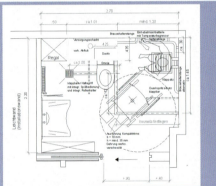

Grundriss Dusche/WC

Ausstattungsgegenstände: Einhebelmischbatterie mit Temperaturbegrenzer, klappbare Haltegriffe mit integrierter Spülbedienung und Rollenhalterung sowie Duschklappsitz

vgl. Kap. 5.3 u. 6.3.2

Dusche mit Ablaufrinne

In einladendender Gestaltung stellt sich die DU/WC in Verbindung mit ihrer Einrichtung dar.
Ausführung bodengleiche Dusche mit Ablaufrinne

vgl. Kap. 5.3

Ausstattung

Eckpunkt: Möblierungsplan

Tab. 7-14: Haustechnischer Bereich / Küche

Perspektive Küche mit Vorraum

Um eine Überschneidung der Türaufschlagsrichtungen im Bereich des Vorraums zu vermeiden (Aufschlagsrichtung Individualbereich nach außen), wurde im Bad eine Schiebetür eingebaut.
Die Perspektive lässt den Zugang zum Sanitärbereich mit einer Schiebetür erkennen.

vgl. Kap. 5.5.2 Schiebetür

Küchenzeile

Die Form des Kochbereichs ergab sich aus dem Grundriss und wurde winkelförmig (Übereckanordnung) ausgebildet.
Die Arbeitsplatte mit dem rechts anschließenden Herd und der anschließenden Spüle (unterfahrbar) bildet den Hauptarbeitsplatz.

Ausstattung

Eckpunkt: Möblierungsplan

Tab. 7-15: Nutzbarkeit Möbel

Kleiderschrank als Raumteiler

Die Kleiderstange ist für den Rollstuhlbenutzer durch Herausziehen leicht erreichbar.

vgl. Abb. 7-20

Paternosterschrank

Einrichtungsvorschlag:

Im Bereich des Essplatzes könnte ein Paternosterschrank aufgestellt werden. Er bietet Komfort mit Füllvolumen bis unter die Zimmerdecke und die Entnahme kann immer auf angenehmer Reichhöhe erfolgen.

7.3 Öffentliche Gebäude

7.3.1 Neubau Außenanlagen

Ausgangssituation

Die derzeit ausgeführten Wegeleitsysteme in Stadträumen, öffentlichen Gebäuden bzw. komplexen Wohnanlagen werden für sehbehinderte Menschen mit taktil kontrastreich erfassbaren Bodenelementen ausgeführt.

Eine selbstständige Orientierung wird jedoch wesentlich erleichtert, wenn zusätzlich zu einer taktilen Information vertiefende Informationen in akustischer Form gegeben werden (vgl. Kapitel 5.5)!

Modernste Technologie z. B. in Form von »Funkchipwegen« (RFID-Systeme) eröffnen neuartige Möglichkeiten Wegebeziehungen mit zusätzlichen akustischen Zielinformationen den Benutzer auch auf Besonderheiten in seiner Umgebung z.B. Einkaufsmöglichkeiten, Eingänge zu öffentlichen Gebäuden, Gefährdung durch Baustellen etc. *(z. B. »Achtung, in zwei Metern erreichen Sie die Fahrbahnkante« oder »Geradeaus erreichen Sie nach 20 Metern das Rathaus. Der barrierefreie Zugang liegt genau vor Ihnen)* aufmerksam zu machen.

Am Beispiel des Neubaus des Interkommunalen Dienstleistungszentrums mit der Neugestaltung der Außenanlagen mit einer klar erkennbaren Wegeführung, sowohl im Innen als auch im Außenraum bieten sich hier grundlegende Voraussetzungen die Orientierung mit dem vorbeschriebenen System zu ergänzen bzw. zu optimieren.

Dabei ist neben den Anforderungen des »Dienstbetriebes« auch die Einbindung in die Stadtteile einschließlich des Historischen Stadtkerns zu berücksichtigen (vgl. Abb. 7-21).

Entwurfsgedanken

Im Zusammenhang mit der geplanten Maßnahme für einen barrierefreien Zugang zu dem Gebäude ist ein akustisches Leitsystem im Bereich der Freifläche mit der Verknüpfung an das städtische Wegesystem vorgesehen.

Barrierefreies Planungsziel

Sich in einer fremden Umgebung zurechtzufinden, ist insbesondere für blinde und sehbehinderte Menschen eine besondere Herausforderung. Durch die barrierefreie Gestaltung der Außenanlage unter Verwendung einer neuentwickelten Technologie in Form von RFID-Funkchipwegen trägt zu einem entspannten Gehen bei.

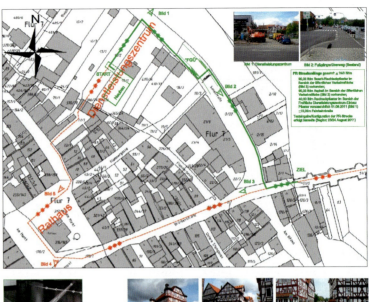

Abb. 7-21: Geplantes RFID- Streckennetz (Stadtzentrum/Altstadtrundweg)
Entwurf: Silvia Massera; Parma; Italy

Bauliche Maßnahmen

Eckpunkt: taktile und akustische Orientierung

Tab. 7-16: Nutzbarkeit Möbel

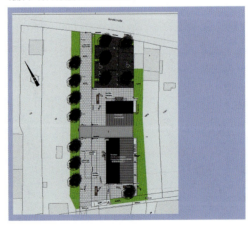

Fußgängerrouting auf RFID-Basis (Flächen- bezogene Orientierung)

Gebaute »Funkchipwege« eröffnen neuartige Möglich- keiten einer ergänzenden Leittechnik für eine sichere autarke Mobilität (punktgen- aue, exakte, aussagekräftige und hilfreiche akustische Zusatzinformationen) für die Nutzer in der jeweiligen Nutzungssituation.

Bildnachweis: Magistrat der Stadt Melsungen/Architekt W. Rüttgers)

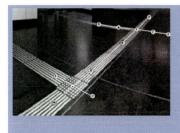

Taktil und akustische Informationsgestaltung mit Leitund Entscheidungsfunktion

Die Darstellung zeigt die Positionierung von Aufmerksamkeitsfeldern mit RFIDTag's auf.

Der Nutzer erhält vom System Anweisungen, wie er weitergehen muss, wobei er von Aufmerksamkeitsfeld zu Aufmerksamkeitsfeld navigiert wird.

Diese sind mit mehreren RFID-Chips (vgl. Bild) ausgestattet.

Bildnachweis: Martijn Kiers, Tina Sovec FHJOHANNEUM GMBH, Kapfenberg Austria

Übersicht von RFID-»Datenträgern«

Das Herzstück eines RFID-Systems ist ein Datenträger, der Transponder oder auch Tag genannt wird.

RFID-Transponder unterscheiden sich je nach Übertragungsfrequenz, Hersteller und Verwendungszweck voneinander. Der Aufbau eines RFID-Transponders sieht prinzipiell eine Antenne einen analogen Schaltkreis zum Empfangen und Senden (Transceiver), sowie einen digitalen Schaltkreis und einen permanenten Speicher vor.

Das Bild zeigt unterschiedliche Bauformen von RFID-Chips (Tag's). Maßgeblich für die Baugröße sind die Antenne!

Bildnachweis: »Joint Research Centre«, JRC, Ispra Italien

8 Stellungnahmen und Erläuterungen

Die nachfolgenden Stellungnahmen von Menschen unterschiedlicher Personen- und Berufsgruppen sollen das Thema Barrierefreiheit aus der jeweiligen individuellen Betrachtungsweise aufzeigen.

8.1 Zwei-Sinne-Prinzip, Orientierung leicht gemacht

Barrierefreiheit ist die logische Beseitigung von Hindernissen für alle Menschen im Alltagsleben.

Um diesen einfachen Satz realisieren zu können, muss man sich vor Augen führen, welche Hindernisse die einzelnen Personenkreise, wie hör-, körper-, geh- und stehbehinderte, blinde und sehbehinderte Menschen als störend im Alltag vorfinden. Die Liste der behinderten Personen könnte man erweitern, denn alle behinderten Menschen wollen heute im täglichen Alltagsleben ihre Meinung mitteilen und auch an allen Veranstaltungen teilnehmen.

Hier wurden schon viele Versuche gestartet und auch ausprobiert, die aber nie zu einer einheitlichen Lösung geführt haben.

Mit dem Zwei-Sinne-Prinzip kann hier endlich eine Lösung geschaffen werden, die die Barrierefreiheit für alle-, behinderte- und alte Menschen ermöglicht.

Menschen die nichts sehen, brauchen auf dem Fußboden eine Leitlinie, die sie an ihr Ziel führt. Hinweisschilder, die erhaben und Zahlen oder Buchstaben die fühlbar sind an allen möglichen Stellen im Hausbau.

Körperbehinderte Menschen haben Probleme beim Treppen steigen und benötigen eine Rampe, um ein Haus betreten zu können.

Mütter mit Kinderwagen, Fahrradfahrer und alte Menschen brauchen im Straßenverkehr Nullabsenkungen, d. h. niveaugleiche Übergänge vom Bordstein zur Straße oder aber Busse, die es allen Personen ermöglicht ebenerdig von ihrer Bushaltestelle in den Bus ein- und aussteigen zu können.

Für blinde und sehbehinderte Menschen beginnt hier schon eine unüberwindbare Barriere. Sie können nicht sehen, welche Buslinie vor ihnen steht, wo sie hinfährt ist ihnen auch nicht bekannt und die Abfahrts- und Ankunftszeiten können sie auf dem Fahrplan, der an einem Haltestellenmast befestigt ist, nicht lesen.

Ohne irgendeinen der Mitfahrer zu befragen, welcher Bus nun an die Haltestelle gefahren ist, werden sie nie erfahren, wie sie von dieser Bushaltestelle weiterkommen.

Da dieser Personenkreis am Alltagsleben teilnehmen möchte, fehlt ihnen ein wesentlicher Teil der Information. Zeitung, Straßenschilder, Auskunftspläne, Fahrpläne können sie nicht erkennen und erfahren somit nur aus Radio und Fernsehen was in der Welt geschieht.

Einige Zeitungen haben bereits ihre Zeitschriften und Magazine auf elektronischer Basis lesbar gemacht. Dieses ist meistens mit einem Kostenaufwand, dem Kauf eines Abonnement verbunden. Bücher, wenn sie nicht in Brailleschrift geschrieben sind, können von diesem Personenkreis nicht gelesen werden. Hier hat die Industrie begonnen, diesen Personenkreis über Hörbücher und Hörmagazine zu informieren.

In jedem Haus, wenn man vor der Tür steht, findet man irgendwelche Knöpfe, die es erlauben, den Bewohner einer Wohnung durch Klingelzeichen anzuläuten. Nur welchen Knopf soll dieser Personenkreis drücken? Alle? Nicht so ängstliche drücken einfach auf irgendeinen Knopf und bitten die Tür zu öffnen. Nun kann man in das Haus gelangen, aber wo ist die Treppe, wo ist der Fahrstuhl, wo sind die Dinge, die man benötigt. Eine Sprachansage im Aufzug, die die Stockwerke benennt ist hilfreich. Die Tastatur sollte so ausgestattet werden, dass alle behinderten Menschen die Zahlen durch fühlen oder sehen erkennen können. Auch ein Spiegel sollte in einem Fahrstuhl vorhanden sein, damit ein Rollstuhlfahrer erkennen kann, das hinter ihm die Tür automatisch schließt.

Wir haben heute alle Handys, Navigationssysteme, Sprachan- und -aussagen in den Zügen und Bussen, aber wir können sie nicht alle in der Form nutzen, wie wir sie benötigen. Aus diesem Grund müssen wir an der Barrierefreiheit für alle Menschen intensiv weiter arbeiten, um einige Dinge miteinander so zu verknüpfen, dass ein blinder und sehbehinderter Mensch sein Ziel auch ohne fremde Hilfe finden kann.

Die technischen Möglichkeiten sind bereits vorhanden, sie müssen nur noch aufeinander abgestimmt werden und wie in einem Netzwerk verbunden sein. Das ist das Zwei-Sinne-Prinzip.

Ein Wohnhaus, ein öffentliches Gebäude, eine Schule, ein Rathaus, ein Hotel, diese Liste könnte endlos fortgeführt werden, müssen mit diesem Zwei-Sinne-Prinzip ausgestattet werden. Durch in den Boden eingebrachte Rillen- und Noppenleitsysteme, die farblich kontrastierend sind, können alle Menschen an ihr Ziel gebracht werden. Die Bodenindikatoren führen an die Haustür, an den Eingang, zur Pforte oder sogar zu den Klingelknöpfen. Das Navigationssystem bringt sie an die richtige Haustür und über das Handy kann man durch in den Boden eingebrachte Chips oder Transponder erfahren, vor welchem Gebäude man sich eigentlich befindet. Außerdem kann es ansagen, was sich in diesem Haus verbirgt. Durch die Technik mit blue tooth, die im Handy Radiofrequenzen aufnehmen kann, ist es möglich, diese Bodenindikatoren in Verbindung mit den Chips und Transpondern so zusammenzufügen, dass die Mitteilungen, die in ihnen eingegeben sind, über das Handy abgehört werden können. Der Vorteil liegt hierbei klar auf der Hand. Ein Bus, der eine Haltestelle anfährt, hat im vorhandenen Leitliniensystem der Bushaltestelle einen solchen Chip integriert und sagt jedem Menschen, der ein solches Handy besitzt: »Ich bin die Linie 18, fahre in die Waldsiedlung und meine Abfahrtzeit ist 12:11 Uhr«. Die in den Bahnhöfen aushängenden Fahrpläne könnten in der selben Weise hörbar gemacht werden und jeder Mensch hätte die Möglichkeit die Ankunfts- und Abfahrtzeiten über sein Handy zu erhalten. Im Flughafen sehen sie auf Anzeigetafeln wie sich immer wieder die Ankunft- und Abflugdaten verändern. Dies geschieht jedes Mal, wenn ein Flugzeug abgeflogen ist, dann steht das startbereite Flugzeug an der obersten Position. Wie kann man diese Daten, die sich permanent verändern, als nicht sehender Mensch erfahren. Dazu kommt noch am Bahnhof und Flughafen, an welchem Bahnsteig oder welchem Gate muss ich mich einfinden, um mit der Bahn oder den Flugzeug abzufahren oder abzufliegen? Oder welchen Weg muss ich eigentlich zu diesen wichtigen Positionen einschlagen? Hier hilft nur das taktile Leitliniensystem, das im Fußboden eingebracht ist, und mich an eine Position führt, in der der Chip oder Transponder eingelassen ist und automatisch mein Handy weckt. Dort kann ich dann hören, wie ich meinen Weg fortsetzen kann und wie ich am schnellsten mein öffentliches Verkehrsmittel erreichen und barrierefrei benutzen kann.

Dieses System eignet sich auch hervorragend mit einem Navygationssystem, das über GPS gesteuert wird, zu verknüpfen. Das Navigationssystem, das von Fußgängern, Radfahrern, Autofahrern etc. genutzt wird, führt alle diese Verkehrsteilnehmer sicher an ihr bestimmtes Ziel. Dieses Ziel muss vorher in die Navygationsgeräte eingegeben werden und zeigt jedem Nutzer an, wo er sich gerade befindet. Diese Systeme können schon heute in einem Handy programmiert werden und somit kann das Handy diese Funktionen per Sprachausgabe an alle Personenkreise weitergeben.

Durch das Zwei-Sinne-Prinzip hat man die Möglichkeit durch die verlegten kontrastierenden Bodenindikatoren in den Gehwegen, Hausfluren usw. sein Ziel taktil zu erreichen. Dort angelangt übernimmt dann der im Boden eingebrachte Chip oder Transponder die weitere Führung. Die Daten, die dort gespeichert sind, wecken automatisch das Handy und können über das Handy an die einzelnen Nutzer abgegeben werden. In meinen Überlegungen als Anwender gehe ich soweit, dass ich mit einem Zwei-Sinne-Prinzip als blinder Mensch meinen Weg allein in einer Großstadt und in ländlichen Gegenden finden und brauchbar nutzen kann. In einer Stadt kann dieses System sogar den Fremdenführer ersetzen. Als Beispiel: Ich gehe über das im Boden eingebrachte Leitliniensystem zum

Eingang der Kirche und plötzlich spricht mein Handy mit mir »Sie stehen vor der Katharinenkirche in Kassel. Diese Kirche wurde 1511 erbaut und erlebte durch die Reformation und die turbulenten Zeiten viele Veränderungen. Im einzelnen sind dies ....«.

Schon an diesem Beispiel kann man erkennen, welche Möglichkeiten durch diese Technologie entstehen.

Da sich der demographische Wandel weiter fortsetzen wird und die Menschen immer älter werden, wird es bald so sein, dass jede Oma und jeder Opa ein Handy besitzt. Die Bedienung wurde ihnen von den Enkelkindern beigebracht und obwohl sie nicht mehr gut sehen und durch andere Gebrechen nicht mehr gut gehen können, sind sie trotzdem in der Lage auch in unbekannten Regionen und Städten durch das Zwei-Sinne-System problemlos am öffentlichen Leben teilzunehmen.

Gelnhausen, Februar 2011

Volkhard Pritsch

Vorsitzender des Behindertenrates
des Main- Kinzig- Kreises

8.2 Entwurfserläuterungen zur Real- und Fachoberschule für Körperbehinderte, München

Reichert – Pranschke – Maluche, Architekten GmbH

Die Gebäude der Stiftung Pfennigparade (Rehabilitationszentrum für Körperbehinderte) in München gliedern sich in mehrere Bauteile mit den unterschiedlichsten Prägungen. Jedes Bauteil hat seine speziellen Anforderungen, seine eigene Geschichte.

Entsprechend der besonderen städtebaulichen Lage, dem Nutzungszweck und dem betroffenen Personenkreis stellen sich die Baukörper nach außen durch unterschiedliche Ausformungen dar. Die Verwendung von verschiedenen Materialien verstärkt die Eigenheiten.

Im Zuge der Neuerrichtung der Real- und Fachoberschule wurden bestehende Gebäude miteinbezogen, umgebaut, saniert und aufgrund der knappen Grundstücksfläche teilweise sogar überbaut (vgl. Kapitel 5.1, Abbildungen 5-15 bis 5-17).

Damit wurde es möglich, sämtliche notwendigen Räume unterzubringen. Ausgehend von der Konfiguration der überwiegend hohen, bestehenden Gebäude der Stiftung Pfennigparade in N-S Richtung, d. h. senkrecht zum Mittleren Ring stehend, schließen die Baukörper der Neubauten die Lücke zum Mittleren Ring, bilden einen ruhigen, geschlossenen **Schul-Wohnhof** und führen zu einer städtebaulichen Beruhigung des Gesamtkomplexes.

Neben der schwierigen Aufgabe der baulichen Integration der bestehenden Gebäude war deren Erschließung mit den unterschiedlichen Ebenen eine große Herausforderung an die Planung.

Ausgehend von der neu geschaffenen Pausenhalle als Dreh- und Angelpunkt der Anlage können nunmehr sämtliche Ebenen in allen Bauteilen behindertengerecht erreicht werden. Die vertikale Erschließung der Geschosse erfolgt über innenliegende Treppenhäuser und behindertengerechte Aufzüge. Diese sind im Notfall jedoch nicht für eine schnelle unproblematische Rettung der behinderten Bewohner und Schüler geeignet.

Aus diesem Grunde wurde auf der Nordseite des Gebäudekomplexes eine Rampenanlage längsseitig angeordnet. Über lange Rampen mit einer max. Steigung von 6 % und Ruheteilstücken wird hiermit gerade auch den Rollstuhlfahrern ermöglicht, sich im Notfall selbst in Sicherheit zu bringen. Im Weiteren ermöglichen die Rampen den Rollstuhlfahrern, ihre Klassen- und Fachräume selbstständig, und ohne auf die Aufzüge zu warten, in kurzer Zeit zu erreichen.

Das Rampengebäude trägt neben den notwendigen Erschließungsfunktionen und dem Erlebniswert (Rollstuhl-Rallye) insgesamt dazu bei, die Funktion des Gebäudes, als Rückrat sozusagen, mit dem darin befindlichen Personenkreis nach »außen« zu transportieren und zu zeigen.

Als weitere wichtige Faktoren für die Anordnung des Rampengebäudes auf der Nordseite der Anlage können die lärmschutzmindernde Funktion (Puffer) zwischen Straße/Ring und Unterrichtsräumen, sowie der klimatisch günstige Vorteil als Wintergarten und somit als Wärmepuffer zwischen der Außenluft und den beheizten Aufenthaltsräumen angeführt werden.

Die neue Sporthalle, die bestehende Altbauteile übergreift, wurde so ausgeführt, dass sowohl der behindertengerechte Zugang direkt vom Schulbereich im 1. OG erfolgt, als auch eine problemlose Erreichbarkeit von außen gewährleistet ist.

München, den 28. Oktober 2003
RPM-Architekten GmbH, H. Maluche

8.3 Barrierefreiheit erleben – Außen- und Innenräume aus der Sicht einer selbstständigen Rollstuhlfahrerin

Die Malgärtner – Planungs- und Beratungsbüro

Sehr verehrte Leserin, sehr verehrter Leser, hiermit möchte ich Sie einladen, unsere Umwelt ein Stück weit aus meiner ganz persönlichen (130 cm hohen) Perspektive kennen zu lernen. Mein Name ist Silke Emmrich, ich bin 1969 geboren und als freischaffende Landschaftsarchitektin im Kloster Malgarten bei Bramsche im Osnabrücker Land tätig. Seit einem Sportunfall 1993 bin ich ab dem ersten Lendenwirbel querschnittgelähmt und permanent auf den Rollstuhl angewiesen. Da mir alle Oberkörpermuskeln zur Verfügung stehen, kann ich diesen aus eigener Kraft betätigen (Selbstfahrer). Mein sportlicher Alltagsrollstuhl ermöglicht es mir, auf einer ebenen Fläche von 120x120 cm zu drehen und Durchgangsbreiten von 56 cm zu passieren. Rampen mit 6 % oder auch etwas mehr Gefälle kann ich eigenständig bewältigen. Wahrscheinlich denken Sie jetzt: na prima, dann kommt sie ja bestens klar im Alltag. Denkste. Auch ich – als durchaus fitte Rollstuhlfahrerin – stoße täglich auf Barrieren im Innen- und Außenraum.

Da wären zuerst einmal die **Barrieren auf horizontaler Ebene.** Um mich bewegen zu können, brauche ich mehr Platz als ein (durchschnittlicher) Fußgänger. Sie glauben gar nicht, wie oft ich auf Engpässe stoße – sei es die alte Mofasperre am Spielplatz, der schmale Durchgang zwischen zwei Altstadthäusern, der zugestellte Bürgersteig, die zugeparkte Straßenfurt oder die klassische, zu enge Toilettenkabinentür. Manchmal ist es so, dass eine (vielleicht ohnehin schon enge) Platzsituation durch ein zusätzliches Störelement vollends unpassierbar wird, so z. B. durch ein Fallrohr, einen Blumenkübel, ein wild abgestelltes Fahrrad, einen Heizkörper.

Bei so manchem schmalen und abschüssigen Bürgersteig und so manch enger und verwinkelter Toilettenanlage frage ich mich: Wer soll das bloß benutzen? Schon das Rollstuhlfahren bei 2 oder 3 % Quergefälle ist dermaßen anstrengend, dass ich öfters pausieren und meine Arme ausschütteln muss. Und selbst wenn ich mich um 180 Grad höchst akrobatisch durch eine 50 cm breite WC-Kabinentür hindurch auf das WC umsetze, so bleibt immer noch die zweifelhafte Freude, dass mir alle anderen WC-Besucher in der Folge bei allem zuschauen können, da der Rollstuhl die offene Kabinentür blockiert und sich jene eh in unerreichbarer Ferne befindet. Weniger ist mehr, denke ich dann, und warum kann hier nicht von vornherein Platz sein für mindestens eine ordentliche Großraumkabine?

Es folgen die **Barrieren in vertikaler Richtung.** Jede Form der Höhenunterschiedsbewältigung ist aufwändig, wenn man auf Rädern unterwegs ist. Eine lange Rampenanlage kostet Zeit und Kraft, ein Aufzug oder eine Hebebühne ist hoffentlich (als Alternative oder Einzellösung) verfügbar und bedienbar; schon eine einzelne Stufe kann ein unüberwindliches Hindernis sein... Ich habe Erfahrungen gesammelt mit steilen Selbstmörderrampen, mit abgeschlossenen und defekten Aufzügen, mit stockdunklen und verdreckten Lastenaufzügen, mit Winzaufzügen, die z. B. zu einer Arztpraxis führen und am besten noch eine vorgelagerte Stufe aufweisen. Sehr amüsant war auch der Treppenlift, der nicht alleine bedient werden sollte, mit dem Rufknopf, der sich am anderen Ende der langen Treppe befand. Eine einzelne Stufe von mehr als 10 cm Höhe, vielleicht noch mit vorgelagerter, abschüssiger Entwässerungsrinne und vorgelagertem, alten Gullydeckel (in dessen Schlitzen meine Bereifung hervorragend versacken kann), ohne Geländer reicht schon aus, um mich stranden zu lassen. Wenn ich nicht aufpasse und vor eine 1 cm-Kante oder ein Steinchen pralle, befördern mich die sofort blockierenden Lenkrollen verlässlich auf den jeweiligen Bodenbelag. Womit wir bei dem Thema Sicherheit, sprich beispielsweise Wartung und Beleuchtung wären. Ein defekter und ungepflegter Wegebelag ist tückisch für jeden Passanten, besonders, wenn die Beleuchtung unzureichend ist. Mein Wunsch in punkto Beleuchtung ist, mich orientieren zu können, ohne geblendet zu werden. Im Winter sorgen Nässe und Schnee dafür, dass die Griffigkeit der Greifreifen gen Null zurückgeht und ich regelrecht durchdrehe. Wenn der Winterdienst dann noch einen Schneeberg in der Fußgängerzone vor einem Rampenzugang deponiert, ist mein Glück perfekt. Einen Vorteil habe ich natürlich bei Glatteis: ich kann nicht hinfallen.

Wie Sie sehen gibt es Barrieren aller Orten. Bei angeblich barrierefreien Angeboten habe ich mir angewöhnt, nachzufragen: Was verstehen Sie unter barrierefrei, beziehen Sie sich auf eine DIN, wie sind die tatsächlichen Abmessungen etc. Es gibt so viele unterschiedliche Zielgruppen für Barrierefreiheit, dass es schlau ist, abzuklären, ob man von derselben Gruppe spricht. Viele angeblich *barrierefrei für alle – Lösungen* entpuppen sich als mangelhafte oder Scheinlösungen, da sie entweder auf eine bestimmte Zielgruppe zugeschnitten sind oder nicht systemisch durchdacht sind. Ein Beispiel: vor einer öffentlichen Einrichtung wird ein Behindertenparkplatz angeboten, der jedoch zu klein bemessen ist, keine direkt benachbarte Bordsteinabsenkung aufweist und keinen barrierefreien Zugang zur Einrichtung vorhält.

Ganz wichtig: bauliche Barrieren hin und her, **zwischenmenschliche Barrieren** können in ihren Auswirkungen sehr viel mehr verletzen. Vorurteile, Ignoranz, Kontaktangst und Helfersyndrom sind leider manchmal schwerer zu beseitigen als Stahlbeton. Ich wünsche mir durchschnittlich höfliches Verhalten von meinen Mitmenschen, nichts anderes. Den Satz »Lassen Sie mich mal machen, ich weiß, wie man mit Behinderten umgeht«, den ich mir bei der Deutschen Bahn anhören durfte, möchte ich nie wieder hören...

Leider wird mir durch die Behinderung vieles vorgegeben. Oft bin ich auf Extralösungen nicht nur angewiesen sondern sogar verwiesen: Extraparkplatz, Extraeingang, Extratoilette, Extrasitzplatz. Entweder weil ich nicht anders kann, oder weil ich nicht anders darf. Spätestens dann wird es unangenehm... Integrative Lösungen sind mir daher bei weitem lieber als separative! An dieser Stelle ein Hoch auf alle Planerkollegen, die die Verschiedenartigkeit von Menschen berücksichtigen, die auf einem Spielplatz oder in einem Park beispielsweise die Erlebnisebene (Wasser, Hochbeet etc.) oder Bedienungselemente in verschiedenen Höhen und/oder in 85 cm Höhe anbieten. Übrigens sind Rollstuhlfahrer nicht zwingend alleine oder mit einer helfenden Begleitperson unterwegs, sie können durchaus auch mit Familie und Freunden (die vielleicht auch eine Behinderung haben?!) auf Tour sein! Dies ist z. B. bei der Dimensionierung von Umkleidekabinen durchaus wichtig zu wissen!

Zum Abschluss möchte ich Sie bitten, das Gelesene nicht zu verallgemeinern. Andere Rollstuhlfahrer haben durchaus andere, oft höhere Ansprüche an ihre bauliche Umwelt als ich sie habe. Haben Sie Mut, den Dialog zu suchen und kreativ zu planen!

Malgarten, bei Bramsche im Januar 2004
Silke Schwarz, Landschaftsarchitektin AK, BDLA

8.4 Barrierefreiheit in und an denkmal-geschützten Gebäuden

Beratungsstelle für Handwerk und Denkmalpflege Propstei
Johannesberg Fulda

Zu den grundlegenden Erfahrungen beim Umgang mit Baudenkmälern bzw. Gebäuden überhaupt gehört die Erkenntnis, dass diese langfristig nur erhalten werden können, wenn in ihnen eine Nutzung stattfindet und sich somit die notwendige Wirtschaftlichkeit ergibt. Dabei sollte sich die Nutzungsmöglichkeit grundsätzlich auch auf Personengruppen mit körperlichen Einschränkungen und Behinderungen beziehen. Verbunden mit der Nutzung eines Gebäudes sind zumeist bestimmte Wünsche und Anforderungen, die seitens ihrer Bewohner in Bezug auf Wohnkomfort, Raumgrößen, Raumprogramm, Schall- und Wärmeschutz usw. bestehen. Mit der Umsetzung der Nutzungsanforderungen werden nicht selten bauliche Maßnahmen erforderlich, die in der Praxis häufig zu Verlusten an originaler Bausubstanz sowie zu einem veränderten Erscheinungsbild führen.

Demgegenüber stehen die Ziele und Aufgaben der Denkmalpflege, Kulturdenkmäler als Quellen und Zeugnisse menschlicher Geschichte und Entwicklung zu schützen und zu erhalten. Dabei bezieht sich die Denkmaleigenschaft nicht alleine auf die äußere Gebäudehülle, sondern ebenso auf die inneren Bauteile und Ausstattungen. Darüber hinaus ist es ein Anliegen der Denkmalpflege, dass Strukturen, Bauphasen und frühere Nutzungen eines Gebäudes erkennbar bleiben.

Bei der stattfindenden oder geplanten Nutzung von denkmalgeschützten Gebäuden geht es erfahrungsgemäß also häufig darum, einen Ausgleich unterschiedlicher Interessenlagen herzustellen. Das bedeutet, dass sowohl für die bereits beschriebenen Anliegen der Denkmalpflege als auch bezüglich der Wünsche aktueller oder zukünftiger Nutzer von Gebäuden mit Denkmaleigenschaft akzeptable Lösungen gefunden werden müssen. In diesem Zusammenhang ist allerdings die Bereitschaft zur Aufgabe von Extrempositionen und zu Kompromissen auf beiden Seiten erforderlich. Trotz aller Kompromissbereitschaft sollte jedoch nicht verkannt werden, dass es nicht an jedem historischen Gebäude möglich ist, Barrierefreiheit zu realisieren.

Bezüglich der Umsetzung von Barrierefreiheit in denkmalgeschützten Gebäuden gilt es, eine Reihe von Besonderheiten sowie grundsätzlichen Empfehlungen zu beachten und zu berücksichtigen:

- Gegenüber Neubaumaßnahmen sind Baumaßnahmen im Bestand insbesondere dadurch gekennzeichnet, dass hier nur in geringem

Umfang mit Standardlösungen gearbeitet werden kann. Zumeist müssen auf das Objekt, seine speziellen Besonderheiten und die vorhandenen Rahmenbedingungen abgestimmte Lösungen gefunden werden. Dieser Grundsatz trifft gerade auf unter Denkmalschutz stehende Gebäude zu.

- Bei baulichen Maßnahmen im Gebäudebestand sollten im frühesten Planungsstadium Fachleute der Disziplin »Barrierefreies Bauen« in die Planungen einbezogen werden. Dadurch lassen sich Fehlplanungen und Mehrkosten zumeist vermeiden.
- Bei umfassenden Eingriffen in die Bausubstanz denkmalgeschützter Gebäude, bei denen beispielsweise lediglich die Gebäudehülle als denkmalwerter Teil des Gebäudes erhalten bleibt, ist es in der Regel weniger problematisch, Standards der Barrierefreiheit umzusetzen. Dies ist häufig bei Industriedenkmälern der Fall.
- Bauliche Maßnahmen zur Sicherstellung der Barrierefreiheit lassen sich außerhalb von denkmalgeschützten Gebäuden zumeist leichter realisieren als innerhalb von Gebäuden mit kostbaren Originalausstattungen.
- Bei der Konzipierung und Umsetzung barrierefreier Baumaßnahmen in Baudenkmälern sollte der Grundsatz der Reversibilität berücksichtigt werden. Das bedeutet, dass durch diese Eingriffe keine vermeidbaren Substanzverluste stattfinden und die Maßnahmen wieder umkehrbar sind, ohne das Baudenkmal dabei zu schädigen.
- Ergänzungen oder Veränderungen in und an historischen Gebäuden, die unter funktionalen Gesichtspunkten erforderlich sind, sollten als solche deutlich erkennbar und ablesbar sein. Um den Altbestand nicht zu verfälschen, kommen historisierende Ausführungen grundsätzlich nicht in Frage. Dementsprechend ist bei Baumaßnahmen mit zeitgemäßer Formensprache und zeitgemäßen Materialien zu arbeiten. Dabei sollten sich allerdings Proportionen und Farbigkeit dem vorhandenen Bestand unterordnen. Bei größeren Neubauteilen, z.B. dem Anbau eines Treppenhauses mit Fahrstuhl, kann aus denkmalpflegerischer Sicht eine eigenständige Auseinandersetzung mit dem vorhandenen Bestand durchaus von Vorteil sein, im Sinne einer Fortschreibung des Baudenkmals unter aktuellen Nutzungsanforderungen.

Die Umsetzung von Barrierefreiheit im Bereich denkmalgeschützter und auch sonstiger historischer Gebäude vollzieht sich derzeit in einem eher bescheidenen Umfang. Im Hinblick auf eine Vermeidung von massiven Eingriffen in Baudenkmäler, werden vermutlich auch in Zukunft nur in einem relativ geringen Teil von historischen Altbauten barrierefreie Ausführungen zu finden sein. Gegenüber der gegenwärtigen Situation werden allerdings Optimierungsmöglichkeiten gesehen. Zumindest in Teilbereichen sollten Verbesserungen im Sinne der Barrierefreiheit realisiert werden und gerade im Bereich weniger sensibler Baudenkmäler könnten in einem größeren Umfang Zugangsmöglichkeiten für Menschen mit Behinderungen und körperlichen Einschränkungen geschaffen werden. Um diesen Prozess zu beschleunigen, wäre es erforderlich und hilfreich, für typische altbaubedingte Problemstellungen denkmalgerechte Lösungen, unter Einbeziehung aller Beteiligten, zu entwickeln.

Fulda-Johannesberg, den 4. August 2003
Gerwin Stein

8.5 Barrierefreie Stadtentwicklung

Wohnstadt, Stadtentwicklungs- und Wohnungsbaugesellschaft
Hessen mbH Kassel, Abteilung Städtebau

Stadtentwicklung beinhaltet komplexe Entscheidungsprozesse hinsichtlich der Gestaltung und Zonierung von Flächen und Nutzungen. Ein Stadtentwicklungsprojekt erfordert vielfältige Planungsentscheidungen, bei denen insbesondere die Belange von Menschen mit Mobilitätsbehinderungen berührt werden. Die Berücksichtigung der Belange von Kindern, älteren Menschen und Menschen mit einer körperlichen Behinderung sollte den Planenden dabei ein übergeordnetes Ziel sein, analog zu den Zielen der Ökonomie, der Ökologie und der Nachhaltigkeit.

Eine wichtige Voraussetzung für die uneingeschränkte Teilnahme aller Menschen am gesellschaftlichen Leben ist die barrierefreie Gestaltung des öffentlichen (Verkehrs)-Raums sowie die uneingeschränkte Erreichbarkeit und Zugänglichkeit aller öffentlichen Einrichtungen. In der Praxis wird die barrierefreie Gestaltung aber häufig durch unzureichende Kenntnis der vorhandenen oder empfohlenen Planungs- und Gestaltungsinstrumente verhindert.

Barrierefreier Städtebau setzt ein optimales Zusammenspiel aller relevanten örtlichen und regionalen Interessen- und Betroffenengruppen voraus. Die Belange von älteren und behinderten Menschen sind möglichst frühzeitig in der Planung zu berücksichtigen. Geplante Bauvorhaben sollen rechtzeitig mit den Behindertenbeiräten oder Behindertenbeauftragten der Kommunen abgestimmt werden. Dies betrifft sowohl deren Einbeziehung im Vorfeld von Neuplanungen als auch die barrierefreie Gestaltung geplanter Umbaumaßnahmen. Je früher im Planungsprozess die Barrierefreiheit berücksichtigt wird, desto einfacher lassen sich zusätzliche Kosten vermeiden.

Bei der Planung, Ausführung und Ausstattung von Straßen, Plätzen und Wegen, von öffentlich zugängigen Grünanlagen und Spielplätzen und von Zugängen zu öffentlichen Verkehrsmitteln ist darauf zu achten, dass diese Anlagen und Plätze für alle Menschen ohne Einschränkungen und Barrieren nutzbar sind. Alle Nutzer müssen in die Lage versetzt werden, von fremder Hilfe weitgehend unabhängig zu bleiben.

Grundsätzlich sind bei barrierefreier Planung die Mindestbewegungsflächen und Bewegungsabläufe zu beachten. Darüber hinaus sollen einfache und einheitliche Leitsysteme (Wahrnehmung und Orientierung) verwendet werden, da leichte und wiederkehrende Bedienungsschemata bei der Bewältigung von Alltagsaufgaben im öffentlichen Raum helfen.

Ein großer Teil der städtischen Verkehrsflächen wird durch den ruhenden Verkehr beansprucht. Er geht für andere Nutzungen, z. B. auch

197

als Bewegungsfläche der Mobilitätsbehinderten, verloren. Andererseits erleichtern wohnungsnahe Abstellplätze den Lebensalltag. Hier sind jeweils spezifische Lösungen zu suchen, um einen Ausgleich der unterschiedlichen Anforderungen zu erreichen. Parkvorrechte für Anwohner und Anwohnerinnen, Schaffung kleinerer Quartierstellplätze und Garagenanlagen können Elemente einer solchen wohngebietsbezogenen Planung der Stellplätze sein.

Die wesentlichen Leitziele einer barrierefreien Stadtentwicklung sind:

- die gebaute Umwelt so zu gestalten, dass sie für alle nutzbar ist,
- ein möglichst selbstständiges Leben auch im gewohnten Lebensumfeld zu gewährleisten,
- gute Ausstattung der Wohngebiete mit wohnbezogener Infrastruktur wie z. B. Läden, Schulen etc.
- kurze und sichere Wegeverbindungen zwischen den Wohnungen und der wohnbezogenen Infrastruktur
- gute Erreichbarkeit von Arbeits- und Ausbildungsstätten auch ohne Auto
- Wohnformen, die das Zusammenleben aller im Wohnbereich und im Wohnumfeld ermöglichen und fördern.

Alle diese Forderungen an einen barrierefreien Städtebau sind u.a. durch das Baugesetzbuch (BauGB) als rechtliche Anforderungen, z.B. im Rahmen der Bauleitplanung, vorgegeben.

So sind gemäß § 1(6) BauGB:

»... insbesondere zu berücksichtigen: (...) 3. die sozialen und kulturellen Bedürfnisse der Bevölkerung, insbesondere die Bedürfnisse der Familien, der jungen, alten und **behinderten Menschen**, unterschiedliche Auswirkungen auf Frauen und Männer sowie die Belange des Bildungswesens und von Sport, Freizeit und Erholung, ...«

Die Realität der Lebensbedingungen für viele Menschen mit einer Behinderung lässt erkennen, dass in Planungsprozessen konkrete Schritte erforderlich sind, um eine tatsächliche Berücksichtigung der Belange mobilitätsbehinderter Menschen zu erreichen.

Die Vielfältigkeit der Anforderungen, die heute an den Städtebau zu stellen sind, aber auch die Widersprüchlichkeit der Interessenlagen von Menschen mit einer Behinderung erfordern ein ständiges Abwägen, um zu Lösungen zu kommen, die den unterschiedlichsten Ansprüchen insgesamt am besten gerecht werden. Damit bei diesem Prozess zwischen widerstreitenden Interessen und unterschiedlichen Anforderungen die Belange besser als bisher berücksichtigt werden können, müssen sie zum einen deutlich benannt werden und zum anderen im Planungsprozess durch eine nachhaltige Vertretung verankert werden.

Die Herstellung der Barrierefreiheit betrifft alle gesellschaftlichen Bereiche und liegt somit nicht nur im Interesse einer bestimmten Personengruppe mit besonderen Anforderungen. Die Herausforderung an einen barrierefreien Stadtbau wird daher sein, Handlungsspielräume auszuloten und Prioritäten klar zu definieren.

Abb. 8-1: Das barrierefrei gestaltete Zentrum von Immenhausen mit Blick auf »Alte Wache« und Rathaus

Beispielhaft umgesetzt wurden die Anforderungen an einen »Barrierefreien Städtebau« bei der Umgestaltung der Stadtmitte im Rahmen der Altstadtsanierung in Immenhausen (Kreis Kassel / Hessen). Die Anlieger, Kirchenvertreter, Geschäftsleute, politische Entscheidungsträger und das Landesamt für Denkmalpflege wurden eng in den Planungsprozess einbezogen. Der wesentliche Grundsatz, den öffentlichen Raum barrierefrei zu gestalten, wurde konsequent umgesetzt und findet u. a. Ausdruck in den baulichen Lösungen zur Überwindung von Höhenunterschieden, der Wahl der Oberflächenmaterialien, der Differenzierung der Bewegungsflächen und der Schaffung von Orientierungssystemen. Am ehemaligen Standort der »Alten Wache« wurde ein Multifunktionsgebäude errichtet. Es beherbergt eine barrierefreie Toilettenanlage, einen Buswartebereich, die Stadtinformation und einen öffentlichen Fernsprecher.

Das Projekt der Altstadtsanierung in Immenhausen – bürgerfreundliche und barrierefreie Gestaltung – wurde im Februar 2005 mit der Plakette »Barrierefrei erbaut« vom Sozialverband VdK Hessen-Thüringen e. V. ausgezeichnet. Dr. Günther Schnell, Sozialverband VdK: »Immenhausen ist mit der barrierefreien Gestaltung eines größeren öffentlichen Bereiches absoluter Vorreiter in der Region und verdient daher im besonderen Maße diese Auszeichnung«.

Kassel, den 12. Mai 2005
Dipl.-Ing. Ulrich Türk, Architekt und Stadtplaner

8.6   Fehlender barrierefreier Wohnraum

Vorbemerkung:
Zum besseren Verständnis der nachfolgenden Ausführungen hier einige
wichtige Informationen zu meiner Person:

53 Jahre alt – alleine lebend – Elektrorollstuhlfahrer ohne Geh- und Steh-
vermögen – GdB 100 – Pflegestufe 3 – Betreuung durch ambulante Pfle-
gedienste – berufstätig in Vollzeit als Beamter mit Arbeitsassistenz –
wohnhaft in Kassel

Ausgangslage:
Bei einem Gespräch mit der Pflegedienstleitung meines ambulanten
Dienstes und allen bei mir eingesetzten Assistenten wurde deutlich, dass
meine alte Wohnung nicht die erforderliche Größe für insbesondere den
Einsatz von Pflegeliftern erfüllt und daher meine pflegerische Versorgung
akut gefährdet ist. Ein Umbau meiner alten Wohnung kam aus Platzgrün-
den sowie aus Gründen der Baustatik nicht in Frage. Mir wurde deshalb
dringend nahe gelegt mich um eine andere Wohnung zu bemühen.

Situationsbeschreibung:
Nun sollte man eigentlich denken, dass in einer Stadt von der Größe Kassels auch freie barrierefreie Wohnungen angeboten werden.

Es gibt eine Vielzahl von gemeinnützigen Wohnungsbaugesellschaften
bzw. -genossenschaften und Bauvereine. Darüber hinaus existieren zahl-
reiche Makler und Immobilienvermittler. Freier Wohnraum wird auch über
die beiden örtlichen Zeitschriften, HNA – Hessisch Niedersächsische Allgemeine und ExtraTip, angeboten. Schließlich gibt es einschlägige Internetportale für Wohnraumsuchende, in denen ebenfalls freie Wohnungen
in Kassel inseriert werden.

Wohnungssuche:
Leider verflog mein Optimismus ganz schnell, als ich mit der Suche nach
einer barrierefreien 2 – 3 Zimmer-Wohnung startete.

Von 8 per Email angeschriebenen Wohnungsbaugesellschaften bzw. -
genossenschaften und Bauvereinen antworteten lediglich 3.

Dabei ergab sich, dass deren barrierefreie Wohnungen nur gegen
Vorlage einesWohnberechtigungsscheines vermietet werden dürfen, da
dieser Wohnraum mit Mitteln des öffentlich finanzierten Wohnungsbau
geschaffen wurde und daher nur an sozial bedürftige Mieter vermietet
werden darf.

Eine entsprechende Nachfrage beim Wohnungsamt der Stadt Kassel ergab, dass ich als Beamter mit meinem Gehalt keinen Anspruch auf

einen Wohnberechtigungsschein habe und auch meine Schwerstbehinderung keine Ausnahmegenehmigung ermöglicht.

Damit stand fest, dass für mich barrierefreie Wohnungen nur über den frei finanzierten Wohnungsbau zu finden sind.

Ein Bauverein bot mir eine einzige barrierefreie Wohnung am Ortsrand von Kassel an, wobei ich gleichzeitig Mitglied des Bauvereins werden und Geschäftsanteile im Wert von 1.800 Euro übernehmen müsste. Über Insider erfuhr ich dann, dass diese Wohnung nach dem Stand der Kriterien zur Barrierefreiheit der 70-er Jahre gebaut wurde und daher neuere Erkenntnisse, beispielsweise der DIN 18025-1 – Wohnungen für Rollstuhlbenutzer – und der DIN 18025-2 – Barrierefreie Wohnungen –, nicht berücksichtigen konnte.

Über Makler und Immobilienvermittler kam ich ebenfalls nicht weiter. Falls sie überhaupt barrierefreie Wohnungen im Angebot hatten, was nur selten der Fall war, scheiterte eine Vermittlung wieder am fehlenden Wohnberechtigungsschein.

In den beiden örtlichen Zeitungen fand ich kein einziges Angebot.

Und über die einschlägigen Internetportale wurden »barrierefreie« Wohnungen mit beispielsweise einer Badgröße von knapp 4 qm angeboten. Hierzu der Hinweis, dass alleine der Radius eines Rollstuhls nach einschlägigen Bestimmungen zum barrierefreien Bauen eine freie Bewegungsfläche von mindest 1,5 qm benötigt.

In meiner aufkommenden Verzweiflung wendete ich mich u.a. an weitere Institutionen, Verbände, politische Gremien, wie beispielsweise Behinderten- und Seniorenbeirat der Stadt Kassel, Ortsbeiräte der Stadt Kassel, Behindertenverbände – und auch an die »Beratungsstelle Älter werden« der Stadt Kassel.

Lösung:
Durch Vermittlung dieser »Beratungsstelle Älter werden« der Stadt Kassel habe ich dann glücklicherweise eine vollständig rollstuhlgerechte 65-qm-Wohnung in einer Seniorenwohnanlage in Kassel gefunden.

Ironie des Schicksals: Es war die einzige, zu diesem Zeitpunkt dort in der Vermittlung stehende barrierefreie Wohnung über den frei finanzierten Wohnungsmarkt in Kassel – und die dazu noch den strengen Kriterien der DIN 18025 entsprach.

Fazit:
Das Angebot an vollständig rollstuhlgerechten Wohnungen in Kassel ist äußerst gering. Mit Wohnberechtigungsschein bestehen wenigstens geringe Chancen eine solche Wohnung zu finden. Auf dem frei finanzierten Wohnungsmarkt ist es die sprichwörtliche Suche nach der Stecknadel im Heuhaufen.

Die Bauwirtschaft und die politischen Entscheidungsträger haben die Zeichen der Zeit regelrecht verschlafen. Der demografische Wandel in unserer Gesellschaft wurde viel zu spät erkannt. Auf der Strecke bleiben derzeit bereits alte und gebrechliche Menschen und schwerstbehinderte Menschen – wieder einmal.

Für Menschen mit solchen Wohnansprüchen fehlen zentrale Anlaufstellen, bei denen freie barrierefreie Wohnungen gemeldet werden und Bauträger kundtun könnten, dass in Kürze neuer barrierefreier Wohnraum zur Verfügung stehen wird. Wünschenswert wären auch Angaben, nach welchem Standard der Barrierefreiheit diese Wohnungen errichtet wurden, denn barrierefrei ist nicht gleichzusetzen mit rollstuhlgeeignet.

Selbst in einer Stadt von der Größe Kassels gibt es keine Übersicht über barrierefreie Wohnungen. Es gibt auch keine (Internet-)Plattform zum Informationsaustausch über barrierefreie Wohnangebote in Kassel. Auch über den Seniorenbeirat sowie Behindertenbeirat der Stadt Kassel sind nur selten entsprechende Auskünfte zu erhalten; dies sind dann mehr oder weniger Zufallstreffer. Einzig die bereits zuvor erwähnte »Beratungsstelle Älter werden« der Stadt Kassel bemüht sich um das Sammeln von entsprechenden Informationen. Unter den örtlichen Behindertenverbänden bzw. -organisationen gibt es auch keinen diesbezüglichen Informationsaustausch.

Eigentlich ist es verwunderlich, dass in diesem Bereich bis heute noch nicht mehr geschehen ist. Zeigen doch alle unlängst veröffentlichten Umfrageergebnisse, dass niemand im Altenheim oder Pflegeheim landen möchte. Alternativen gibt es hierzu bereits, wenn auch noch kein flächendeckendes Angebot besteht. Stichworte sind »Mehrgenerationenhaus« und »Betreutes Wohnen«.

Politik und Bauwirtschaft scheinen endlich erkannt zu haben, vor welchen riesigen Problemen unsere immer älter werdende Gesellschaft stehen wird, wenn nicht schnell und in großem Umfang neuer barrierefreier Wohnraum geschaffen wird.

Hoffen wir alle darauf, dass die verschiedenen eingeleiteten Projekte noch rechtzeitig mit Leben erfüllt werden. Wie heißt es doch immer so schön: Die Hoffnung stirbt zuletzt!

H.-Peter Germandi, Kassel, Februar 2011

8.7 Barrierefreies Bauen – die neue DIN 18040

Der Status quo zeigt auf, Barrierefreiheit ist heute schon für jeden zehnten Bürger unentbehrlich, für rund jeden dritten notwendig, aber für jeden Einzelnen ein wichtiges Komfort- und Qualitätsmerkmal. Barrierefreiheit ist ganzheitlich aufzufassen und als gesamtgesellschaftliche Querschnittsaufgabe zu verstehen und umzusetzen. Das Barrierefreie Bauen als wesentlicher Bestandteil der Barrierefreiheit, wird in diesem Zusammenhang als Teilaspekt der Gesamtheit verstanden. Es gilt der Diversität der Gesellschaft baulich adäquate Antworten gegenüber zu stellen, die sich aufgrund von Motorik, Anthropometrie, Perzeption und Kognition ergeben. So muss die künftige Architektur generationenübergreifend funktionieren und die individuellen Vorstellungen und Bedürfnisse abbilden, die sich aus der immer breiter auffächernden Gesellschaft ergeben.

In der Bundesrepublik Deutschland wurden die detaillierten Anforderungen an die gebaute Umgebung durch die Erarbeitung von einschlägigen DIN-Normen formuliert. Diese sind auf Landesebene in die Bauordnungen auf sehr unterschiedliche Art und Weise und unterschiedlich umfänglich aufgenommen worden.

Seit 1998 wurde turnusmäßig die Überarbeitung der einschlägigen DIN-Normen 18024 und 18025 in Angriff genommen. Die Absicht war, diese beiden Normen zum Barrierefreien Bauen zu einer zusammenzufassen. So wurde notwendig, diese mit einer neuen Bezeichnung zu versehen: DIN 18030. Diese wurde in zwei Entwürfen zur »Prüfung und Stellungnahme« der Öffentlichkeit vorgestellt. Es konnte jedoch im Einspruchsverfahren keine Zustimmung bzw. Einvernehmen erzielt werden, sodass man sich entschloss mit einer völlig veränderten Konzeption einen Neuanfang zu versuchen. Wiederum wurde der Norm eine neue Bezeichnung gegeben. Diese neue Fassung – DIN 18040 – konnte nach nunmehr zwölf Jahren der Normungsarbeit Konsens finden. Sie besteht aus zwei Teilen:

- DIN 18040-1: Barrierefreies Bauen – Planungsgrundlagen – Öffentlich zugängliche Gebäude;
- DIN 18040-2: Barrierefreies Bauen – Planungsgrundlagen – Wohnungen.

Die DIN 18040-1 bildet den Ersatz für die DIN 18024-1 und die DIN 18040-2 fasst die Normen DIN 18025-1 und DIN 18025-1 zusammen. Dennoch wird in der neuen Norm für den Wohnungsbau differenziert zwischen den Anforderungen für barrierefreie Wohnungen und explizit barrierefrei-rollstuhlgerechten Wohnungen. Diese sind in der Norm einschlägig durch ein markantes R gekennzeichnet. Die DIN 18024-1 zum öffentlichen Raum wird überführt in eine spezifische Norm – voraussichtlich mit der Bezeichnung DIN 18 070.

Erstmalig wurde bei der Normungsarbeit die Strategie verfolgt, die Forderungen in Form von Schutzzielen zu formulieren. Schutzziele sind Mindestfestlegungen bzw. Definitionen zum Sicherheitsniveau, zur Gebrauchstauglichkeit, zur Funktionsfähigkeit usw., die es zu erreichen gilt. Dabei sollen sie den angestrebten Endzustand darstellen, dennoch den Weg der Umsetzung frei- und offenlassen. Es ist zunehmend eine Abkehr von fixierten technischen Regularien mit starr formulierten Detailanforderungen feststellbar. Dagegen gewinnen Regeln an Bedeutung, die die Abkehr von konkreten Anforderungen hin zu schutzzielorientierten Konzepten befördern, die mit unterschiedlichen Inhalten einen den konkreten Anforderungen vergleichbares-, Sicherheitsniveau, vergleichbare Funktionsfähigkeit oder Gebrauchstauglichkeit bieten. Diese Strategie erlaubt den Planern eine größere Flexibilität für eigene und spezielle Lösungen. Um dennoch eine Hilfe zur Verfügung zu stellen, sind die Schutzziele mit speziellen Beispielen zur Umsetzung begleitet. Dies hilft, das zu erreichende technische Niveau verständlich zu machen und man kann dabei auch davon ausgehen, dass bei Einhaltung der dargestellten Lösungen-, die diesbezüglichen Bestimmungen vollumfänglich erfüllt werden. Dies sei an dieser Stelle anhand des Beispiels des öffentlichen barrierefreien WCs erläutert:

In der DIN werden beidseitig Bewegungsflächen seitlich des WC-Beckens zum lateralen Transfer vom Rollstuhl gefordert. Es geht hier darum, jeweils von der bevorzugten Seite wahlweise den Umstieg zu sichern. Mit neuen technologischen Lösungen ist es aber auch möglich, das WC horizontal zu verschieben, um damit mit geringerem Raumbedarf die unabdingbare Flexibilität zu sichern. Das Schutzziel wäre mit einer solchen Möglichkeit vollumfänglich erreicht.

Im Bewusstsein um die Existenz solcher Lösungen, hat man in die Norm folgende Bemerkung aufgenommen: »Ein WC-Becken kann auch einseitig anfahrbar sein, wenn die freie Wählbarkeit der gewünschten Anfahrseite auf andere Weise (technisch oder räumlich) gegeben ist.«

Hier zeigt sich, dass man für diesen konkreten Fall bereits mögliche technologische Lösungen kennt und diese damit ausdrücklich auch empfiehlt, um die Grundsätze des Schutzziels zu entsprechen. Analog hierzu sind für alle anderen Schutzziele ebenfalls Alternativlösungen offen, die zwar noch nicht bekannt, aber nicht von vornherein ausgeschlossen werden sollen.

Weitere Neuerung bei der Novellierung der Norm, ist die umfänglichere Aufnahme von sensorischen Aspekten und damit korrelierend das »Zwei-Sinne-Prinzip«. Von sensorischen Einschränkungen spricht man, wenn die Funktionsfähigkeit einer der Sinne oder mehrerer Sinne betroffen ist, wobei das Spektrum groß ist. Für die DIN 18040 sind im Sinne des Bauens nur die explizit aufgeführten Sinne »Hören« und »Sehen« vorrangig maßgeblich. Der taktile Sinn wird betrachtet als ergänzender Sinn, welcher hilft, die Einschränkungen der erwähnten Sinne zu kompensieren. In diesem Kontext spricht man vom Zwei-Sinne-Prinzip. Das Zwei-Sinne-Prinzip soll die perzeptive Aufnahme von Informationen bei sensorischen Einschränkungen simultan auf zwei Ebenen sicherstellen. Klassischer Weise werden Informationen entweder auditiv oder visuell dargeboten. Das Zwei-Sinne-Prinzip macht aus dem »Entweder-Oder« eine Lösung die mit »sowohl als auch« – also mit parallelen Alternativen – arbeitet. Das Sehen wird durch taktile und/oder auditive Signale ersetzt und das Hören durch visuelle. Diese Lösung über drei Medien Informationen darzubieten, erlaubt es auch beispielsweise taub-blinden Menschen mit ihrer Umwelt zu interagieren.

Die Inhalte der Norm sollen den gesetzlichen Auftrag nach dem Behindertengleichstellungsgesetz sichern helfen, dass durch die barrierefreie Gestaltung des gebauten Lebensraums weitgehend allen Menschen die Benutzung in der allgemein üblichen Weise, ohne besondere Erschwernis und grundsätzlich ohne fremde Hilfe ermöglicht wird.

Welcher Fortschritt ist erzielt worden? Durchaus eine treffende Frage. So sind die Schutzziele eine grundlegende Neuerung, da sie mehr Planungsspielraum ermöglichen. Die Idee der Barrierefreiheit wurde mit der Aufnahme der sensorischen Aspekte auf eine breite und nachhaltige Basis gestellt. Der Weg von der Integration zur Inklusion ist bereitet.

Prof. Dr.-Ing. Gerhard Loeschcke, Freier Architekt BDA, Karlsruhe, Februar 2011

8.8 DIN Anwendung aus Sicht eines Juristen

DIN-Vorschriften sind keine Rechtsnormen, sondern private technische Regelungen mit Empfehlungscharakter. DIN- Normen können die anerkannten Regeln der Technik wiedergeben oder hinter ihnen zurückbleiben. Sie können angesichts der Art und Weise ihres Zustandekommens aber nicht über sie hinausgehen. Das BVerwG hat bereits in einem im Jahre 1987[29] getroffenen Urteil dazu dies ausgeführt:

»Die Normausschüsse des Deutschen Instituts für Normung sind so zusammengesetzt, dass ihnen der für ihre Aufgabe benötigte Sachverstand zu Gebote steht. Daneben gehören ihnen aber auch Vertreter bestimmter Branchen und Unternehmen an, die deren Interessenstandpunkte einbringen. Die Ergebnisse ihrer Beratungen dürfen deswegen im Streitfall nicht unkritisch als »gewonnener Sachverstand« oder als reine Forschungsergebnisse verstanden werden. Zwar kann den DIN-Normen einerseits Sachverstand und Verantwortlichkeit für das allgemeine Wohl nicht abgesprochen werden. Andererseits darf aber nicht verkannt werden, dass es sich dabei zumindest auch um Vereinbarungen interessierter Kreise handelt, die eine bestimmte Einflussnahme auf das Marktgeschehen bezwecken. Den Anforderungen, die etwa an die Neutralität gerichtlicher Sachverständiger zu stellen sind, genügen sie deswegen nicht. Besondere Zurückhaltung ist gegenüber technischen Normen dort geboten, wo ihre Aussagen nicht als »außerrechtliche Fachfragen« eingestuft werden können, sondern ... Bewertungen entgegengesetzter Interessen einschließen, die an sich einer demokratisch legitimierten politischen Entscheidung in Form einer Rechtssetzung bedürfen .... Als Ersatz für derartige rechtliche Regelungen sind sie ungeeignet.«

Diverse Auftragnehmer – gelegentlich sogar gerichtlich eingeschaltete Sachverständige – halten bisweilen bei ihrer persönlichen Einschätzung, ob ein juristischer Mangel vorliegt, für alleinentscheidend, dass das Werk dem in Schriftform vorliegenden Regelwerk – DIN/Herstellervorgaben etc. – genügt. Diese Auffassung ist nicht richtig:

Der Auftragnehmer hat durchweg mindestens die anerkannten Regeln der Technik[30] einzuhalten. Dies gilt nicht nur für den Fall, dass keine Beschaffenheit vereinbart worden ist, sondern ist – auch ohne ausdrückliche Absprache – grundsätzlich Gegenstand jeder werkrechtlichen Vertragsabsprache. Die Vereinbarung eines die anerkannten Regeln verbessernden Zustandes ist ohne weiteres möglich. Um ausnahmsweise eine

---

29 BVerwG 22.5.987 – 4 C 33-35/83, BVerwGE 77, 285

30 Der Begriff der anerkannten Regeln der Technik ist nicht mit den DIN-Normen oder den Allgemeinen Technischen Vertragsbedingungen in Teil C der VOB (DIN 18299 ff.) identisch; bei den anerkannten Regeln der Technik handelt es sich vielmehr um den DIN-Normen übergeordnete Merkmale.

Unterschreitung des den anerkannten Regeln entsprechenden Erfolgs wirksam zu treffen, ist bei dem nicht sachkundigen Auftraggeber – im Streit hat der Auftragnehmer insoweit die Beweislast – ein ausdrücklicher Hinweis erforderlich, dass und wieso konkret die anerkannten Regeln der Technik nicht erreicht werden; eine die anerkannten Regeln der Technik unterschreitende Baubeschreibung oder – dies hat das *OLG München* mit Urteil im Jahre 2009[31] entschieden – der schlichte Verweis auf eine inhaltlich hinter den anerkannten Regeln der Technik zurückbleibende DIN-Vorschrift genügen nicht.

Änderung der anerkannten Regeln der Technik während der Bauzeit:

Verändern sich die anerkannten Regeln der Technik im Verlaufe des konkreten Baugeschehens, soll das Werk nach Auffassung einiger mangelhaft sein, wenn es nicht den im Zeitpunkt der Abnahme gültigen Regeln entspricht. Diese Auffassung erscheint in dieser Konsequenz jedenfalls dann bedenklich, wenn die zur Zeit der Abnahme gültigen anerkannten Regeln im Zeitpunkt der Bauausführung noch nicht vorsehbar waren. Der Auftraggeber kann wohl nur erwarten, dass der Auftragnehmer die während der Bauausführung gültigen anerkannten Regeln beachtet und nach den anerkannten Regeln der Technik arbeitet, die zur Zeit der Abnahme voraussichtlich gelten werden (so auch *Rolf Kniffka*, ibr-online-Kommentar Bauvertragsrecht, Stand 16.7.2010, § 633 Rn. 55). Der Auftragnehmer ist verpflichtet, auf bevorstehende oder bereits eingetretene Änderungen der anerkannten Regeln der Technik hinzuweisen. In dem vom *OLG Zweibrücken* im Jahre 2006[32] entschiedenen Fall entsprach der Bodenbelag einer Tiefgarage nicht dem in der DIN 1045, Teil I, Tabelle 3 beschriebenen; diese DIN waren allerdings erst drei Monate nach dem zugrunde liegenden Vertrag in Kraft getreten, galten dann aber schon vor Abschluss der Arbeiten; das OLG hat – beraten durch einen Sachverständigen – festgestellt, dass dieser DIN-Zustand die im Zeitpunkt der Arbeiten geltenden anerkannten Regeln der Technik wiedergibt und ausgeführt:

»Auch wenn die DIN … im Zeitpunkt des Abschlusses des notariellen Kaufvertrages noch nicht in Kraft war, mussten die Beteiligten des Bauvorhabens ihr Inkrafttreten berücksichtigen und auch schon vorher die Regeln des Handwerks beachten. Denn die Regeln der Technik haben eine Eigendynamik und können sich auch »lautlos" entwickeln bzw. verändern. **Die am Bau Beteiligten müssen sich deshalb ständig … informieren ….«**

Prof. Jürgen Ulrich
Vorsitzender Richter am Landgericht Dortmund
Schwerte, März 2011

---

31 OLG München 19.5.2009 – 9 U 4198/08, IMR 2009, 241 (Kogl)
32 OLG Zweibrücken 21.12.2006 – 4 U 12/06, OLGR 2007, 439 (IBR 2007, 264: Siegburg)

.9 Zukunftsorientiert Bauen heißt universal Bauen

Den Herausforderungen des demografischen Wandels und der sich verändernden wirtschaftlichen und gesellschaftlichen Strukturen zu begegnen, ist eine interdisziplinäre Aufgabe von herausragender Bedeutung. Die Teilhabe aller Menschen am gesellschaftlichen Leben und der Gedanke der Inklusion stehen dabei im Vordergrund. Beides ist wichtig für eine Gesellschaft und eine Wirtschaft, die all ihre Potenziale nutzt und keine Separierung oder Isolierung zulässt.

Zu den Aufgaben des Bauordnungsrechtes gehört es, Rahmenbedingungen zu schaffen, die den Entwicklungen in der Gesellschaft gerecht werden. Deshalb müssen die Weichen für ein Universales Bauen gestellt werden. Universal Bauen heißt: Bauen für alle Menschen, unabhängig von Alter, Lebenssituation, Geschlecht und Konstitution. Im Mittelpunkt steht das Barrierefreie Bauen, denn Barrierefreiheit erleichtert die Teilhabe am gesellschaftlichen und wirtschaftlichen Leben.

Wohnungen und das Wohnumfeld sollten so geplant werden, dass sie für Menschen mit unterschiedlichsten Voraussetzungen geeignet sind und sich durch einfache sowie kostengünstige Maßnahmen an spezielle Bedürfnisse anpassen lassen. Dieser Ansatz des Universalen Bauens betrifft auch die städtebaulichen Strukturen.

Im Fokus stehen derzeit Wohnungen oder Wohnformen für ältere oder mobilitätseingeschränkte Menschen. Ziel ist, Menschen Wohnsituationen zu ermöglichen, die ihnen weitestgehend ein selbstständiges und unabhängiges Leben gewährleisten und ein Umfeld bieten, in dem alle Generationen vertreten sind. Das Bauordnungsrecht reagiert hierauf und wird durch die geplanten Veränderungen der materiellen Anforderungen, insbesondere an die Barrierefreiheit von Gebäuden, sowie die Einführung der DIN 18040 Teil 1 und 2 als technische Ausführungsvorschrift entsprechende Regeln setzen.

Die DIN 18040 ist ein geeignetes Instrument für eine optimierte Barrierefreiheit. Die Schutzzielformulierungen und der damit gegebene Handlungsspielraum bei der technischen Ausführung weisen den Weg in eine zukunftsfähige und damit nachhaltige Norm, die kommende Innovationen einschließt.

Dipl.-Ing. Brigitte Schneider
Hessisches Ministerium für Wirtschaft, Verkehr und Landesentwicklung
Referat Oberste Bauaufsicht, Baurecht

9 Schlussbetrachtung

Barrierefreies Denken und Handeln kann nicht losgelöst oder unabhängig von allgemeinen gesellschaftlichen, ökonomischen, sozialen oder politischen Trends gesehen werden.

Der Mensch als Autofahrer ist bereit, sich für jeden noch so kleinen technischen Fortschritt im Hinblick auf Komfort und Gestaltung, z. B. Zentralverriegelung, automatischer Fensterheber, Alu-Felgen, beim Kauf des fahrbaren Untersatzes zu begeistern und große Summen dafür auszugeben. *Komfort und Gestaltung*

Bei seiner Immobilie, die einem viel geringeren Wertverlust unterliegt und die er einen weitaus größeren Teil seiner Lebenszeit nutzt, gibt er sich mit möglichst preiswerten Standardlösungen zufrieden.

Was bringen uns barrierefreie Wohnungen? Sie bieten den Vorteil einer komfortablen Nutzung und den Verbleib in der Wohnung bei Behinderung und im Alter sowie auch die mittelbaren Vorteile wie Vermeidung kostenträchtiger Umbauten, dauerhafte Vermietbarkeit und volkswirtschaftliche Kosteneinsparung.

Nach wie vor gibt es allerdings in vielen Planungsbüros und Wohnungsunternehmen Unsicherheiten über Ausführungsdetails im barrierefreien Bauen, da es an Erfahrungswissen mangelt.

Mein Ziel ist es, auf die häufigsten Fragen in diesem Leitfaden eine Antwort zu geben und besonders gute Lösungsansätze herauszustellen. *Lösungsansätze*

Barrierefreies Planen und Bauen scheitert meiner Erfahrung nach bisher häufig an der Unterschätzung der Bedeutung dieser Thematik durch Planer, Bauherren und Handwerker und an der landläufigen Meinung, dass Barrierefreiheit wegen des höheren Flächenverbrauchs und der Notwendigkeit von Sonderlösungen/Sonderbauteilen zu teuer ist.

Durch das Formulieren von barrierefreien Anforderungen an Wohnungen, durch sozialwissenschaftliche Studien über das Wohnen und das Wohnumfeld, durch die Verabschiedung des neuen Gleichstellungsgesetzes und die Aufnahme der Grundsätze des barrierefreien Bauens in die Länderbauordnungen erfährt das Thema »Barrierefreies Planen und Bauen« eine Aufwertung. Weitere Bewusstseinsbildung durch Publikationen, auch durch diesen Leitfaden, und öffentliche Diskussionen in der Gesellschaft sind erforderlich. Weiterhin müssen Erfahrungen aus der Praxis in die Weiterbildungskonzepte und Ausbildungsrichtlinien von Planern und Handwerkern Eingang finden. *Bewusstseinsbildung*

Während im Neubau die barrierefreien Planungskriterien ohne Probleme umgesetzt werden können, sind beim Bauen im Bestand, insbesondere im Bereich der Denkmalpflege, häufig Kompromisslösungen gefragt. Aber auch hier gilt: eine Kompromisslösung ist keiner Lösung vorzuziehen.

Universalwohnungen und
Spezialwohnungen

Im Allgemeinen wird der **barrierefreie** mit dem **rollstuhlgerechten Wohnungsbau** gleich gesetzt. Dabei wird übersehen, dass barrierefreie Wohnungen »Universalwohnungen« sind, die für prinzipiell jeden Haushalt geeignet sind und deren Anforderungen als barrierefreier Standard in die moderne Architektur aufzunehmen sind. Dagegen sind rollstuhl- und behindertengerechte Wohnungen »Spezialwohnungen«, die konsequent und kompromisslos auf die besonderen Bedürfnisse und die individuellen Belange der Nutzer zugeschnitten sind.

Kostenneutralität

Ein Ziel dieses Leitfadens ist es, das Argument »Barrierefreiheit ist zu teuer« zu entkräften. Er zeigt auf, dass das Herstellen einer barrierefreien Wohnung durchaus nicht mit einem Mehrverbrauch von Fläche verbunden sein muss. Es kommt darauf an, Flächen sinnvoll zu überlagern und Bauteile durch andere mit weniger Flächenverbrauch auszutauschen.

Nicht zuletzt ist es das Bad, welches von Kritikern immer mit Mehrkosten in Verbindung gebracht wird. Bäder erfüllen barrierefreie Anforderungen, wenn sie geschickt geplant und Duschen bodengleich ausgeführt werden.

Im Vergleich zu einer Wohnung, die für Rollstuhlbenutzung ausgelegt ist, mit den höchsten Anforderungen an Geometrie und Ausstattung, erzeugt der barrierefreie Standard einer Wohnung, der die in jedem Fall notwendigen Bauelemente geschickt durch barrierefreie ersetzt, kaum bis keine Mehrkosten.

Türbreiten von 88,5 cm Rohbaurichtmaß (dies entspricht dem lichten Durchgang von > 80 cm) mit üblichem Standard der Zarge, dem Beschlag und der Türblattqualität verursachen keine Mehrkosten.

Wenn eine Schiebetür die Funktion gegenüber einer Drehflügeltür verbessert, so sind die Kostenmehrungen unter dem Aspekt der Einsparung von Bewegungsflächen zu sehen. Dies ist für die Ausführung von Drehkipp- zu Schiebefenstern sinngemäß anzuwenden.

Im Wohnungsneubau sind die Kriterien der Barrierefreiheit unter Zugrundelegung der Planungsgrundlagen der DIN 18025 Teil 2 (ersetzt durch DIN 18040 T2) als kostenneutral anzusehen. Bei der Betrachtung zur Kostenneutralität darf nicht der Fehler gemacht werden, barrierefreies Bauen mit besonders preisgünstigen Objekten zu vergleichen, denn die nach DIN 18040 Teil 2 barrierefrei gebauten Wohnungen tragen insgesamt zu einem höheren Wohnwert bei. Es wird stärker auf die Bedürfnisse der Bewohner – auch auf zukünftiges Wohnen – eingegangen und dadurch auch eine bessere Vermietbarkeit der Objekte garantiert.

Die auf vier Maßnahmen beschränkten ausgewählten Beispiele aus der Praxis zeigen keine sterile Umsetzung der Theorie, sondern bei Berücksichtigung der gegebenen Rahmenbedingungen das Machbare im Planungsalltag. Weitere Beispiele werden nicht vorgestellt, da Lösungen nicht einfach auf andere Problemstellungen übertragen werden können und mit den angebotenen Denkanstössen ein kreativer Prozess bei Planern, Bauherren und Handwerkern ausgelöst werden sollte.

Zusammenfassend

Barrierefreies Planen und Bauen berührt Aspekte von der Stadtentwicklung über die Stadtplanung bis hin zur detaillierten Ausführung des individuellen Wohnraums. Ein barrierefreier Lebensraum hört nicht an der Hauseingangstür auf. Deshalb ist die Beschäftigung mit den Fragen einer barrierefreien Wohnumfeldgestaltung eine natürliche Schlussfolgerung dieses Leitfadens.

Zusammenfassend stellt die barrierefreie Bauweise ein zukunftsgerichtetes Qualitätsmerkmal im Wohnungsbau dar, das der demografischen Entwicklung, den Wohnbedürfnissen und dem Inklusionsgedanken Rechnung trägt.

Ausblick

Wird durch die Veröffentlichung der neuen Planungsnorm DIN 18040 mit der Beschreibung von Schutzzielen als eine der grundlegenden Neuerung gegenüber der DIN 18024 und 18025 diesbezüglich ein weiterer Fortschritt bezogen auf – Anwendbarkeit, Akzeptanz, Praxistauglichkeit – erreicht werden können?

»Der Fortschritt in der Normungsarbeit bedeutet, immer mehr zu verstehen, wie sich Gebäude, Straßen, Wege und Plätze in unseren Städten und Gemeinden verändern müssen, damit alle Menschen sie nutzen können. Der Grad der Veränderung ist allerdings ebenso umstritten wie Umfang und Detailliertheit von Normen und anderen Regelungen:

Die gesellschaftlichen Akteure in Deutschland, die sich für eine barrierefreie Umwelt engagieren, haben hierzu unterschiedliche Auffassungen:

- *Behindertenverbände, deren Mitglieder auch einen großen Teil der Arbeit der Behindertenbeiräte und Behindertenbeauftragten leisten, fordern genaue Definitionen und Vorgaben, um in der Auseinandersetzung mit Bauherren und Wirtschaftsunternehmen bestehen zu können.*
- *Ministerien und sonstige Behörden wenden sich gegen eine zu große Zahl von Detailregelungen in den Normen für barrierefreies Bauen, weil dies die Genehmigungspraxis erschwert und zu Mehrkosten führen kann*
- *Architekten und Planverfasser möchten einerseits ihre Kompetenz beweisen, barrierefreie Anlagen und Gebäude funktionsgerecht planen und bauen zu können, andererseits sind sie an einer rationellen Realisierbarkeit der Anforderungen interessiert[33]*

---

33 Sozialrecht + Praxis, Fachzeitschrift für Sozialpolitikern und Schwerbehindertenvertreter,3/2008, Hrsg. Sozialverband VdK Deutschland e.V.

Barrierefreies Bauen nach § 50 MBO[34]

Die rasche Einführung der DIN 18040 als technische Baubestimmung in die jeweiligen Landesbauordnungen (vgl. Kapitel 3) könnte einen künftigen Maßstab für eine ungehinderte Teilhabe von Menschen mit einem Handycap am gesellschaftlichen Leben im Sinne einer Inklusion darstellen.

Nachweispflicht für Barrierefreiheit

Hinweis: In der Musterbauordnung bzw. den jeweiligen Landesbauordnungen gibt es keine ausdrückliche Nachweispflicht für die Barrierefreiheit in Form von **bautechnischen Nachweisen** wie z.B. für die Standsicherheit, den vorbeugenden Brandschutz, den Schall- und Wärmeschutz sowie Nachweise für Energieerzeugungsanlagen (§ 66 MBO).

Dieser Nachweispflicht als einer existenziellen Aufgabe insbesondere für den öffentlichen »barrierefreien Wohnungsbau« nachzukommen, wäre eine durchaus berechtigte Forderung im Sinne des selbstverständlichen Zusammenlebens von Menschen mit und ohne Handycap.

---

34 Auszug Musterbauordnung – MBO – in der Fassung 2002; zuletzt geändert durch Beschluss der Bauministerkonferenz (ARGEBAU) vom Oktober 2008 »(1) [1]In Gebäuden mit mehr als zwei Wohnungen müssen die Wohnungen eines Geschosses barrierefrei erreichbar sein. [2]In diesen Wohnungen müssen die Wohn- und Schlafräume, eine Toilette, ein Bad und die Küche oder Kochnische mit dem Rollstuhl zugänglich sein. [3]§ 39 Abs. 4 bleibt unberührt.«

Anhang

Begriffe[35]

In der Fach- und sonstigen Literatur findet man die klassifizierenden Begriffe »rollstuhlgerecht, behindertengerecht, behindertenfreundlich, Zugänglichkeit und barrierefrei«. Leider existieren keine genauen Definitionen noch werden diese Begriffe immer mit dem gleichen Ziel verwendet. Es besteht die Gefahr, dass man in der Diskussion aneinander vorbei redet. Darum ist es wichtig, einen genauen Blick auf diese Begriffe zu werfen.

barrierefrei
Der Begriff »barrierefrei« weitet die Bedeutung von behindertengerecht auf alle mobilitätseingeschränkten Menschen aus und ist daher die zutreffendere Bezeichnung, wenn man möglichst alle Anforderungen berücksichtigen möchte.

rollstuhlgerecht
Rollstuhlbenutzer stellen an die gebaute Umwelt die höchsten Anforderungen. Werden diese Anforderungen, die sich aus Bewegungsabläufen von RollstuhlbenutzerInnen ergeben, erfüllt, spricht man von rollstuhlgerecht. Dabei werden Anforderungen von verschiedenen RollstuhlbenutzerInnen generalisiert z. B. in Mindestbewegungsflächen. Es geht um Türbreiten, um Stufen, um Greifhöhen, um Unterfahrbarkeit, usw.

behindertengerecht
Bei dieser Klassifizierung könnte man annehmen, dass sämtliche Behinderungsarten und -grade gemeint sind. Oft wird allerdings dieser Begriff nur auf die Gruppe der bewegungsbehinderten Menschen bezogen. Das »behindertengerechte« WC erfüllt Anforderungen der RollstuhlbenutzerInnen. In diesem Fall wäre eigentlich der Begriff »rollstuhlgerecht« angebracht.

behindertenfreundlich
Dies ist wohl der unpräziseste Begriff von allen. Zumeist wird er angewandt, wenn kleine bauliche Adaptierungen vorgenommen wurden, in wesentlichen Bereichen jedoch nach wie vor Hindernisse vorhanden sind. Dieses Wort soll den Eindruck erwecken, dass die betreffende Einrichtung für behinderte Menschen geeignet ist.

---

35 Quelle u.a.: Schriftenreihe Barrierefreies Planen und Bauen im Freistaat Sachsen

Zugänglichkeit

In den letzten Jahren taucht immer häufiger der Begriff der **»Zugänglichkeit«** auf. Er leitet sich vom Begriff der »accessibility« aus dem angelsächsischen Raum ab. Diesen Begriff auf öffentliche Gebäude angewendet, bedeutet, dass das Bauwerk bzw. Teile desselben für Menschen mit Behinderungen barrierefrei erschlossen und zum Beispiel über eine Behindertentoilette und Vorkehrungen für blinde und hörbehinderte Menschen verfügt.

Wahrnehmung

Wahrnehmung ist die Aufnahme und Verarbeitung von Reizen aus dem eigenen Körper und der Umwelt und erfolgt über verschiedene Sinnesorgane. Über einen oder mehrere Sinneskanäle erhaltene Informationen werden geordnet und so verarbeitet, dass das Gehirn Körper- und Gefühlsreaktionen erzeugen kann (sensorische Integration nach Ayres). Nimmt man das Wort Wahrnehmung genau, bedeutet es, dass das, was man wahrnimmt, tatsächlich wahr ist!

Visuelle Wahrnehmung

Die visuelle Wahrnehmung erfolgt über das Auge, die Sehbahn und das Sehzentrum im Gehirn. Visuelle Wahrnehmung ist ein Prozess zunehmender Differenzierung.

Taktile Wahrnehmung

Das Taktile System umfasst den ganzen Körper mit seiner Oberfläche der Haut. Das Taktile System führt zur ersten räumlichen Abgrenzung von »uns« und der Umwelt. Es vermittelt durch Tasten und Berühren über die Sinnesorgane Hand, Haut und Mund Informationen über die Umwelt.

Auditive Wahrnehmung

Das Hörsystem ist mit dem Gleichgewichtssinn räumlich eng verbunden. Schallwellen werden in Form von Vibrationen wahrgenommen und verarbeitet. Die auditive Wahrnehmung ist die Voraussetzung für die Entwicklung von Sprache, Sprachverständnis und damit der Fähigkeit zur verbalen Kontaktaufnahme.

Ergonomie

Der Begriff »Ergonomie« wird oft, aber längst nicht immer, richtig verwendet. Ergonomie leitet sich ab vom griechischen Wort ergon, was für Arbeit bzw. Mühe steht. Hinzu kommt nomos, das heißt Regel oder Gesetz. Ergonomie bezeichnet die Anpassung von Geräten, Anlagen, Werkzeugen und Maschinen etc. an die menschliche Physiologie und Anthropologie sowie die Betrachtung ihrer Wechselwirkungen.

Bewegungsablauf

Der Bewegungsablauf gibt einen Überblick über den tatsächlich genutzten Raum während einer Bewegung, z. B. das Öffnen einer Tür, Benutzen von WC und Badewanne u.a.

Normung

Normung ist die planmäßige, durch die interessierten Kreise gemeinschaftlich durchgeführte Vereinheitlichung von materiellen und immateriellen Gegenständen zum Nutzen der Allgemeinheit.

Flächenbedarf

Stellflächen

Platzbedarf für die Einrichtung

Abstände

Raum zwischen den Einrichtungen bzw. einzelnen Einrichtungen und fertigen Wandoberflächen

Installationsflächen

Platzbedarf für Zu- und Abführung von Leitungen

Verkehrsflächen

Fläche, die benötigt wird, um verschiedene Funktionsbereiche zu verbinden.

Bewegungsflächen

Bewegungsflächen (zweidimensional) sind die zwischen verschiedenen Stellflächen oder zwischen Stellflächen und Wänden freibleibenden Flächen. Sie schließen die Abstände vor Einrichtungen, die zu deren Benutzung oder Bedienung erforderlich sind, sowie die Flächen für in den Raum schlagende Türen ein.

Bewegungsraum

Beim Bewegungsraum (Kopf-, Knie- und Ellenbogenfreiheit) wird im Gegensatz zur Bewegungsfläche die dreidimensionale Ausdehnung betont.

Orientierungssystem

Ein Orientierungssystem ist ein Informationssystem, welches ein Konzept liefert, wie ein Mensch systematisch von A nach B geleitet werden kann.

Literaturverzeichnis

[1]   Höfs, Jutta; Loeschcke, Gerhard: Die rollstuhlgerechte Wohnung.
      Planungsgrundlagen, Grundriss, Ausstattung, Gebäudeerschlie-
      ßung, Gebäudetechnik, Planungshilfen im Detail. Stuttgart: Verlags-
      anstalt Alexander Koch GmbH 1981

[2]   Bundesministerium für Raumordnung, Bauwesen und Städtebau -
      BMBau- (Förderer); Institut für Bauforschung e.V. -IfB- (Ausführende
      Stelle); Deters, Karl; Arlt, Joachim: Einfache Aufzüge zur Nachrüs-
      tung in Einfamilienhäusern und im Geschosswohnungsbau. Stutt-
      gart: Fraunhofer IRB Verlag 1997

[3]   Landesbausparkasse Rheinland-Pfalz -LBS-, Mainz (Hrsg.): Barriere-
      frei planen, bauen, wohnen. Ein praktischer Ratgeber für alle Men-
      schen in jedem Alter. 2., überarb. Aufl. Mainz: Selbstverlag 1992

[4]   Bundesministerium für Gesundheit (Hrsg.): Verbesserung von visu-
      ellen Informationen im öffentlichen Raum: Handbuch für Planer
      und Praktiker zur bürgerfreundlichen und behindertengerechten
      Gestaltung des Kontrasts, der Helligkeit, der Farbe und der Form
      von optischen Zeichen und Markierungen in Verkehrsräumen und in
      Gebäuden. Bad Homburg v.d.H.: FMS, Fach-Media-Service-Verlags-
      gesellschaft 1996

[5]   Landesinstitut für Bauwesen und Angewandte Bauschadensfor-
      schung -LBB- (Hrsg.): Planen und Bauen für Menschen mit und ohne
      Behinderungen. Einleitung, Grundlagen, Anforderungen, Planungs-
      beispiel, Checkliste. Aachen: Selbstverlag 1992

[6]   Ackermann, Kurt; Bartz, Christian; Feller, Gabriele: Behinderten-
      gerechte Verkehrsanlagen. Planungshandbuch für Architekten und
      Ingenieure. Düsseldorf: Werner-Verlag 1997

[7]   Bundesministerium für Raumordnung, Bauwesen und Städtebau -
      BMBau- (Förderer); Institut für Bauforschung e.V. -IfB- (Ausführende
      Stelle); Deters, Karl; Arlt, Joachim: Leitfaden Kostendämpfung im
      Geschoßwohnungsbau. Weiterentwicklung der Rationalisierungser-
      kenntnisse aufgrund geänderter und neuer Anforderungen für einen
      kostengünstigen Geschoßwohnungsbau. Stuttgart: Fraunhofer IRB
      Verlag 1998 (Serie: Bauforschung für die Praxis; Band 43)

[8]   Baasch, Helga: Wohnungsanpassung in Block und Plattenbauten.
      IEMB info (2002), Nr. 4

[9]   Sächsisches Staatsministerium für Soziales (Hrsg.): Planungsgrund-
      lagen für barrierefreie öffentlich zugängige Gebäude, andere bauli-
      che Anlagen und Einrichtungen. 4. Aufl. Dresden: Selbstverlag 2000
      (Schriftenreihe Barrierefreies Planen und Bauen im Freistaat Sach-
      sen, Heft Nr. 2)

[10] Tretzel, Ferdinand; Alt, Franz: Handbuch der Feuerbeschau. 3., überarb. u. erweit. Aufl. Stuttgart: Kohlhammer 1999, S. 502

[11] Bundesministerium für Raumordnung, Bauwesen und Städtebau - BMBau- (Förderer); Aachener Institut für Bauschadensforschung und Angewandte Bauphysik gGmbH -AlBau- (Ausführende Stelle); Oswald, Rainer; Klein, Achim; Wilmes, Klaus Niveaugleiche Türschwellen bei Feuchträumen und Dachterrassen. Stuttgart: Fraunhofer IRB Verlag 1994

[12] Bundesamt für Bauwesen und Raumordnung im Auftrag des Bundesministeriums für Verkehr, Bau- und Wohnungswesen (Hrsg.): Leitfaden Nachhaltiges Bauen. 2. Nachdruck (mit redaktionellen Änderungen). Selbstverlag: Januar 2001

[13] Landesinstitut für Bauwesen des Landes NRW (LB) (Hrsg.); Marx, Lothar: Barrierefreies Bauen im staatlichen Hochbau, Dokumentation ausgewählter Beispiele. Aachen: Selbstverlag 2001

[14] Oberste Baubehörde im Bayerischen Staatsministerium des Innern; Bayerisches Staatsministerium für Arbeit und Sozialordnung, Familie, Frauen und Gesundheit; Bayerische Architektenkammer (Hrsg.): Barrierefreies Bauen 1: Barrierefreie Wohnungen. München: Selbstverlag

[15] Bauhaus-Universität Weimar, Fakultät Bauingenieurwesen, Professur Baubetrieb und Bauverfahren (Hrsg.); Schüler, Torsten; Röbenack, Karl-Dieter (Verf., Hrsg.); Weinrich, Katlin: Barrierefrei leben – Erhebungen in Wohn- und öffentlichen Bereichen, Planungshilfen für die Modernisierung von Altbausubstanz. Weimar: Universitätsverlag 2000

[16] Ministerium der Finanzen des Landes Rheinland-Pfalz; Ministerium für Arbeit, Soziales und Gesundheit des Landes Rheinland-Pfalz (Hrsg.): Barrierefrei Bauen. Mainz: Selbstverlag 2000

[17] Rughöft, Sigrid: Wohnökologie – Grundwissen. Stuttgart: Eugen Ulmer Verlag 1992

[18] Riley, Charles A.: Barrierefreies Wohnen. Designideen für mehr Lebensqualität. Stuttgart: Kohlhammer 1999

[19] Marx, Lothar: Barrierefreies Planen und Bauen für Senioren und behinderte Menschen. Stuttgart: K. Krämer Verlag 1994

[20] Stemshorn, Axel: Barrierefrei Bauen für Behinderte und Betagte. 4., überarb. u. erweit. Aufl. Stuttgart: Verlagsanstalt Alexander Koch 1999

[21] Neufert, Ernst: Bauentwurfslehre. Grundlagen, Normen und Vorschriften über Anlage, Bau, Gestaltung, Raumbedarf, Raumbeziehungen, Maße für Gebäude, Räume, Einrichtungen; Handbuch für den Baufachmann, Bauherrn, Lehrenden und Lernenden. 37., erweit. u. überarb. Aufl. Braunschweig: Vieweg 2002

[22] Institut für Bauforschung e.V. Hannover (Hrsg.): Planungshilfen zur Umsetzung des barrierefreien Bauens. Stuttgart: Fraunhofer IRB Verlag 2004.

[23] Dr. Dagmar Everding: Ringen um DIN 18040 – Aktueller Stand beim barrierefreien Bauen: Sozialrecht + Praxis, Fachzeitschrift für Sozial-politiker und Schwerbehindertenvertreter; 3/2008, Hrsg. Sozialver-band VdK Deutschland e.V.

[24] Sabine Frohnmüller: Barrierefreies Bauen – Neue Vorschriften und technische Regeln: bau intern März/April 2009

[25] Musterbauordnung – MBO – in der Fassung 2002; zuletzt geändert durch Beschluss der Bauministerkonferenz vom Oktober 2008

DIN – Deutsches Institut für Normung e.V., Berlin; Bezugsquelle: Beuth Verlag GmbH, Berlin

DIN-Taschenbuch 199 Barrierefreies Planen und Bauen, Ausg.: 1999-09

DIN 13240-3, Ausgabe: 1994-08 Rollstühle – Maße

DIN 18024-1, Ausgabe: 1998-01 Barrierefreies Bauen – Teil 1: Straßen, Plätze, Wege, öffentliche Verkehrs- und Grünanlagen sowie Spiel-plätze; Planungsgrundlagen

DIN 18024-2, Ausgabe: 1996-11 Barrierefreies Bauen – Teil 2: Öffentlich zugängige Gebäude und Arbeitsstätten, Planungsgrundlagen

(Norm-Entwurf) DIN 18030, Ausgabe: 2002-11 Barrierefreies Bauen – Planungsgrundlagen

DIN 18034, Ausgabe: 1999-12 Spielplätze und Freiräume zum Spielen – Anforderungen und Hinweise für die Planung und den Betrieb

DIN 18195-5, Ausgabe: 2000-08 Bauwerksabdichtungen – Teil 5: Abdich-tungen gegen nichtdrückendes Wasser auf Deckenflächen und in Nassräumen; Bemessung und Ausführung

DIN 18065, Ausgabe: 2000-01 Gebäudetreppen – Definitionen, Mess-regeln, Hauptmaße

DIN 32977-1, Ausgabe: 1992-07 Behinderungsgerechtes Gestalten; Begriffe und allgemeine Leitsätze

DIN 33402-1, Ausgabe: 1978-01 Körpermaße des Menschen; Begriffe, Messverfahren

DIN 33402-2, Ausgabe: 1986-10 Körpermaße des Menschen; Werte

(Norm-Entwurf) DIN 33455, Ausgabe:2001-08 Barrierefreie Produkte – Grundsätze und Anforderungen

DIN EN 81 – 1: Sicherheitsregeln für die Konstruktion und den Einbau von Aufzügen. Teil 1: Elektrisch betriebene Personen- und Lasten-aufzüge

DIN EN 81 – 2: Sicherheitsregeln für die Konstruktion und den Einbau von Aufzügen. Teil 2: Hydraulisch betriebene Personen und Lasten-aufzüge.

Hauptverband der gewerblichen Berufsgenossenschaften, Zentralstelle
für Unfallverhütung und Arbeitsmedizin, Fachausschuss »Bauliche
Einrichtungen«: Merkblatt für Treppen (BGI 561, bisher ZH 1/113).
Aktualis. Ausgabe Okt. 2003

VDI 6008 (Technische Regel, Entwurf), Ausgabe: 2004-08 Barrierefreie
Lebensräume – Anforderungen an die Elektro- und Fördertechnik

Abbildungsnachweis

Fotonachweis:

Fotos, Grafiken und Zeichnungen ohne Quellenangabe stammen vom Autor.

Kapitel 1 – Einleitung

Abb. Nr.	Inhalt	Quelle
1-3	Schwellenloser Ausgang zur Terrasse, mobile Möbel, Parkett als Bodenbelag	Foto: DAS HAUS / Reiner Blunck Ausgabe 4 / 01

Kapitel 5 – Grundlagen für barrierefreies Planen und Bauen

Abb. Nr.	Inhalt	Quelle
5-6	Duschboden mit Duschabtrennung	P. J. Korzilius Söhne GmbH & Co. KG, Mogendorf
5-15	Ernst-Barlach-Schule, Längsschnitt durch das Rampengebäude	RPM-Architekten GmbH Reichert, Pranschke, Maluche, München
5-16	Lageplan der Anlage mit Detailaus-schnitt des Rampengebäudes	RPM-Architekten GmbH Reichert, Pranschke, Maluche, München
5-18	Schloss Gottesaue Ostfassade mit Freitreppe und hydraulischem Stempelaufzug	Staatliches Vermögens- und Hoch-bauamt Karlsruhe
5-21	Treppenplattformlift	Reha Lift GmbH, Fritzlar
5-24	Treppenhaus mit Notfallrutsche (Diplomarbeit am Institut für Land-schaftsarchitektur und Umweltpla-nung der TU Berlin, Januar 2003)	Foto: O. v. Schrenck
5-31	Hebeplattform	Reha Lift GmbH, Fritzlar
5-33	Grundriss Rampe mit zwei Längen und Podesten	[9] Sächsisches Staatsministerium für Soziales (Hrsg.): Planungsgrundlagen für barrierefreie öffentlich zugängige Gebäude, andere bauliche Anlagen und Einrichtungen. 4. Aufl. Dresden: Selbstverlag 2000
5-42	Behindertenaufzug im Außenbe-reich mit Witterungsschutz	Reha Lift GmbH, Fritzlar
5-52	Moderner nachgerüsteter Außen-aufzug	Foto: G. Stein
5-55	Detail Türanschluss nach DIN 18195, Teil 5	Firma Gutjahr, Bickenbach

5-56	Detail Balkonplatte, niedriger Türanschluss	Firma Gutjahr, Bickenbach
5-60	Stufenlose Verbundbodenschwelle mit thermischer Trennung	Hermann Gutmann Werke AG, Weißenburg
5-63	Zugang mit Überdachung und Entwässerungsrinne	Institut für Erhaltung und Modernisierung von Bauwerken e.V. an der TU Berlin (IEMB)
5-64	Höhen-/Schrägverstellbarer Drainrost-Übergang im Verbund mit kapillarpassiver Flächendrainage für festverlegte Außenbeläge und Zementestriche	Firma Gutjahr, Bickenbach
5-65	Drainrost im Anschluss an Magnet-Schiene	Firma Gutjahr, Bickenbach
5-66	Spritzwasserentstehung	Firma Gutjahr, Bickenbach
5-67	Spritzwasserverhinderung	Firma Gutjahr, Bickenbach
5-69	Balkonanschlussdetail mit Überbrückungsblech	Wohnstadt Kassel
5-70	Parallele Anordnung von Dusche und Badewanne	P. J. Korzilius Söhne GmbH & Co. KG, Mogendorf
5-74	Ansicht Dusche mit Ausstattungsgegenständen	
5-75	Anordnung Sanitärobjekte nach DIN 18025, Teil 1	Uponor Rohrsysteme GmbH, Hassfurt
5-76	Bewegungsflächen im Badgrundriss nach DIN 18022	Uponor Rohrsysteme GmbH, Hassfurt
5-77	Flächenbedarf einer bodengleichen Dusche	Uponor Rohrsysteme GmbH, Hassfurt
5-78	Anordnung von Ausstattungs-/Einrichtungs-gegenständen	Wohnstadt Kassel
5-79	Barrierefreies Bad unter funktionalen und gestalterischen Gesichtspunkten	Keuco GmbH & Co. KG, Hemer
5-80	WC und Dusche ästhetisch und funktional	Keuco GmbH & Co. KG, Hemer
5-82	Funktionale Flexibilität einer Wohnung vor Nutzerwechsel Kind/Eltern	Wohnstadt Kassel
5-83	Funktionale Flexibilität einer Wohnung nach Nutzerwechsel Kind/Eltern	Wohnstadt Kassel
5-84	Bettkombination mit Kopfteil und Funktionsnachttisch	Foto: J. v. Schmieden
5-85	Schlafzimmer mit einer Grundfläche von 16,2 m^2	Wohnstadt Kassel
5-86	Rollbarer »Beistelltisch« mit Schubladenelementen und Bügelgriff	Foto: J. v. Schmieden

Kapitel 6 – Praxisorientierte Lösungen und Details der Bauelemente

6-21	Detail Bodenablauf	P. J. Korzilius Söhne GmbH & Co. KG, Mogendorf
6-22	WC als Vorwandinstallation	Firma Uponor Rohrsysteme GmbH
6-23	WC-Installationsblock	Firma Uponor Rohrsysteme GmbH
6-24	Stützklappgriff	Keuco GmbH & Co. KG, Hemer
6-25	Wiedergegeben mit Erlaubnis des DIN Deutsches Institut für Normung e.V. Maßgebend für das Anwenden der DIN-Norm ist deren Fassung mit dem neuesten Ausgabedatum, die bei der Beuth Verlag GmbH, Burggrafenstraße 6, 10787 Berlin, erhältlich ist.	
6-26	Waschtisch-Installationsblock	Uponor Rohrsysteme GmbH, Hassfurt
6-27	Stützklappgriff mit kunststoffummantelter Auflagefläche	Keuco GmbH & Co. KG, Hemer
6-28	Umsetzhilfe	Firma aacurat GmbH, Aalen
6-29	Abmessungen Wandlift	Firma aacurat GmbH, Aalen

Kapitel 7 – Barrierefreies Bauen heute – Projektbeispiele

Abb. Nr.	Inhalt	Quelle
7-14	Ansicht Eingangsbereich mit stufenloser Zuwegung	Wohnstadt Kassel
7-15	Perspektive rückwärtige Gebäudeansicht	Wohnstadt Kassel
7-16	Grundriss Geschoss 1-3	Wohnstadt Kassel
7-17	Grundriss Staffelgeschoss	Wohnstadt Kassel
Tab. 7-8	Detail Balkon-/Terrassenanschluss	Wohnstadt Kassel
Tab. 7-9	Wandhängendes WC mit Stützklappgriffen und Rückenstütze	Keuco GmbH & Co. KG, Hemer